Martina Heilmann

3,-€
RGW7

Das Jahr mit Milchschafen

Ursula Letschert

Das Jahr mit
Milchschafen

74 Farbfotos
15 Zeichnungen

VERLAG
EUGEN
ULMER

Bibliografische Information Der Deutschen Bibliothek
Die Deutsche Bibliothek verzeichnet diese Publikation in der Deutschen Nationalbibliografie; detaillierte bibliografische Daten sind im Internet über http://dnb.ddb.de abrufbar.

ISBN 3-8001-4184-1

Das Werk einschließlich aller seiner Teile ist urheberrechtlich geschützt. Jede Verwertung außerhalb der engen Grenzen des Urheberrechtsgesetzes ist ohne Zustimmung des Verlages unzulässig und strafbar. Das gilt insbesondere für Vervielfältigungen, Übersetzungen, Mikroverfilmungen und die Einspeicherung und Verarbeitung in elektronischen Systemen.

© 2003 Verlag Eugen Ulmer GmbH & Co.
Wollgrasweg 41, 70599 Stuttgart (Hohenheim)
Internet: www.ulmer.de
Printed in Germany
Lektorat: Dr. Eva-Maria Götz, Heike Schmidt-Röger
Satz: Dörr + Schiller, Stuttgart
Reproduktion: BRK, Stuttgart
Herstellung & DTP: Silke Reuter
Druck und Bindung: Friedrich Pustet, Regensburg

Inhalt

Einführung 6

Januar 10
Von den Anfängen 11
Geburt 14

Februar 20
Lammzeit 21
Versorgung des Neugeborenen 24
Stalleinrichtung 29

März 33
Fütterung 35
Trinkwasser 40
Lämmerdurchfall 42

April 47
Parasitenbekämpfung 48
Gesundheits-Check 54
Stallreinigung 56
Klauenpflege 56

Mai 64
Scheren 65
Urlaubsvertretung 66
Entwöhnung der Flaschenlämmer 67
Melkzeit 69
Milchqualität 74
Milchverarbeitung 75

Juni 80
Nachmähen 81
Entwöhnung der Lämmer 81
Besuch vom Wanderschäfer 82
Eine Kräuterecke für Schafe 83
Aus der Apotheke der Natur 86
Früherkennung von Krankheiten 92
Plausch am Weidezaun 93

Juli 95
Vorsicht giftig! 96
Molke 98
Schlachttag 99
Fellverarbeitung 100
Lämmer für die Nachzucht 101
Das Ziel des Züchters 104

August 105
Sommerarbeiten 106
Wolle verarbeiten 107
Aufstockung des Bestands 110

September 112
Weidearbeiten 113
Winterfütterung der Mutterschafe 114
Nützliches Zubehör 116
Heu und Stroh für den Winter 120

Oktober 122
Herbstlämmer 123
Rat und Tat 125
Das Euter 125

November 129
Deckböcke 130
Wintervorbereitung 131

Dezember 135
Winterruhe 136
Jahresausklang 138

Glossar 140
Verzeichnisse 143
Register 146

Einführung

Die ersten Erfahrungen mit Schafen machte ich schon als Kind. Damals in der Nachkriegszeit, als die Menschen in Deutschland wenig zu Essen hatten, hielten viele Familien auf dem Land sich noch Hühner, Gänse, Kaninchen oder Schaf und Ziege. Auch bei uns zu Hause wurde im zeitigen Frühjahr ein kleines Lamm gekauft und im Herbst, wenn das Grünfutter zu Ende ging, war der Schlachttermin – für uns Kinder jedes Mal ein Drama. Da wir kein Weideland und eigentlich nur Auslauf für ein paar Hühner und Enten hatten, war es die Aufgabe von uns Kindern, jeden Tag nach der Schule unser Schaf an der Leine zu führen und es an Wegrändern und Böschungen fressen zu lassen. Zusätzlich nahmen wir noch eine Sichel und einen großen Korb mit, um Vorrat für den Abend und den nächsten Morgen zu schneiden. Heu oder gar Kraftfutter hatten wir nicht. In dieser Zeit gab es überall noch ungedüngte Waldwiesen mit vielen Wildkräutern und wir wussten ganz genau, was unser „Fritz" oder unsere „Lotti" gerne fraßen. Dabei baute sich bei uns in jedem Jahr erneut eine enge Beziehung zu unserem Schützling auf. Aber am Ende eines jeden Jahres wurde diese Freund-

Ein großrahmiges Milchschaf mit seinem Nachwuchs.

schaft von einem Tag zum anderen jäh beendet. Jeglicher Protest dem Vater gegenüber, der regelrecht beschimpft wurde, nützte nichts – der Metzger kam wie bestellt.

Hausschlachtungen waren damals üblich und es wurde gewurstet und das Fleisch eingekocht oder mit Salz haltbar gemacht. Trotzdem weigerten wir uns, auch nur einen Bissen unserer Lieblinge zu essen. Die gleichen Gefühle hegten wir für die Kaninchen, die ja auch von uns gefüttert wurden. Auch sie wurden eher geliebt als verzehrt.

Aber so mit der Zeit veränderte sich die Tierliebe, wir wurden älter und ein Butterbrot mit Salami oder ein duftender Lammbraten wurden nun nicht mehr verschmäht. Mit dem wachsenden Wohlstand dieser Jahre, es gab ja bald wieder alles zu kaufen, verschwanden besonders auch die Schafe und Ziegen nach und nach aus den Gärten.

Bei mir ist die Liebe zu den Schafen geblieben. Schon damals wusste ich, dass ich irgendwann wieder Schafe haben würde. Es hat lange gedauert, bis ich mir den Traum einer eigenen Schafzucht erfüllen konnte. Heute bin ich längst über die Anfänge hinaus und meine besondere Liebe gilt dem „Ostfriesischen Milchschaf".

Das Lamm muss das richtige Trinken aus der Flasche noch lernen.

Das **Ostfriesische Milchschaf** ist ein großrahmiges Schaf mit langer, weißer Wolle. Der längliche, leicht ramsnasige, hornlose Kopf ist, ebenso wie der dünne, lange Schwanz frei von Wolle. Die langen Ohren sind nach vorne gerichtet. Es bringt neben der Wolle und einem guten Fleischertrag vor allem eine hohe Milchleistung. Im Alter von zwölf Monaten kann bereits die erste Lammung erfolgen. Zwei oder drei Lämmer pro Geburt sind die Regel. Den Höhepunkt seiner Leistung hat das Schaf im Alter von vier Jahren erreicht. Danach nimmt die Leistung allmählich ab. Mit sechs Jahren werden Mutterschafe häufig geschlachtet. Bis dahin sind sie noch im Vollbesitz ihrer Zähne und können das Gras noch gut abweiden, im Gegensatz zu ein bis zwei Jahre älteren Tieren, deren Zähne schon schlecht sind.

Über die Herkunft des Ostfriesischen Milchschafes gibt es unterschiedliche Aussagen, jedoch keine gesicherten Erkenntnisse. In Aufzeichnungen wird dieses Schaf bereits im 16. Jahrhundert erwähnt. Das ursprünglich in Ostfriesland beheimatete Tier übertraf schon damals alle anderen Schafrassen an Körpergröße, Fruchtbarkeit und Milchergiebigkeit. Mitte des 19. Jahrhunderts versuchte man in einigen Küstenregionen die Fleischleistung der Marschschafe durch die Einkreuzung mit verschiedenen englischen Fleischschafen zu verbessern. Die Milch-

schafe in Ostfriesland und im Jeverland blieben von derartigen Kreuzungsversuchen verschont und konnten so in ihrer Reinzucht erhalten bleiben. Mit der planmäßigen Herdbuchzucht des Ostfriesischen Milchschafes wurde Anfang des 19. Jahrhunderts begonnen. In ganz Deutschland verbreitet, liegen die Schwerpunkte der Zucht heute in Nordrhein-Westfalen, im Weser-Ems-Gebiet und in Sachsen. Der Export der Milchschafe erfolgt vor allem in Länder, die auf Schafmilch besonderen Wert legen, in erster Linie sind das Osteuropäische Länder, wie zum Beispiel Ungarn und Jugoslawien.

Die Ausnahmestellung der Ostfriesischen Milchschafe unter den Schafrassen der Welt beruht nicht nur auf den großen wirtschaftlichen Vorteilen: Die Haltung in kleinen Beständen ist für diese Rasse ideal. Sie eignen sich hervorragend zur Koppelschafhaltung. Milchschafe sind ausgesprochene Weidetiere. Allerdings können sie nur dort mit Erfolg gehalten werden, wo genügend nährstoffreiche Dauerweide vorhanden ist. Auf geringwertigen Weideflächen versagen die Muttertiere vollkommen. Wird man ihren Bedürfnissen gerecht, können sie hier ihr Leistungsvermögen voll ausschöpfen. So ist für den kleinen Milchschafhalter die Schafzucht nicht nur ein ökonomischer Gewinn. Die Freude am Tier und seine Nähe können einen willkommenen Abstand von Beruf und Hausarbeit bedeuten. Hier liegt der eigentliche Gewinn – und der ist nicht in Liter und Kilogramm zu messen.

Ich möchte mit meiner kleinen Herde ein wenig dazu beitragen, die typischen Merkmale und positiven Eigenschaften dieser liebenswerten Rasse zu erhalten und erfolgreich weiter zu züchten. Ich wünsche mir, dass durch die Aufzeichnungen meiner Erfahrungen mit diesen Tieren möglichst viele Leser angeregt werden, sich für die Milchschafhaltung oder -zucht zu begeistern. Vielleicht findet aber auch der ein oder andere Neuling noch brauchbare Tipps, um sein Wissen über den Umgang mit Milchschafen zu erweitern.

Januar

Um ein tadelloses Mitglied einer
Schafherde sein zu können,
muss man vor allem ein Schaf sein.
Albert Einstein

Selten war der Dezember so kalt. Jetzt sind endlich drei Wochen eisiger Dauerfrost zu Ende. Die erste Januarwoche präsentiert sich frühlingshaft. Strahlend blauer Himmel, angenehme zehn Grad und fast windstill. So lässt es sich aushalten. Sofern ich meine Schafe während der Deckzeit gut beobachtet und mich nicht verrechnet habe, sollen in zwei Wochen die ersten Lämmer geboren werden. Jetzt wird es langsam Zeit, im Stall die nötigen Vorkehrungen zu treffen. Der Aufenthalt im Freien ist angenehm und bei einem ersten Rundgang durch den Garten kribbelt es schon richtig in den Fingern. Auch die angelehnte Schubkarre an der Stallwand reizt zum Zupacken. Aber das Herrichten der Lammboxen ist jetzt wichtiger. Doch die Geburt der Lämmer ist immer wieder ein spannendes Erlebnis und häufig nicht ohne Überraschungen. Nur eines ist sicher: Wenn die Schafe tragend sind, dann lammen sie auch.

> **Tipp: Ablammboxen herrichten**
> Die ruhige Zeit in der Milchschafhaltung im November und Dezember ist mit Beginn der Lammzeit zu Ende. Im Herbst benötigen wir für die Winterration von Heu und Stroh jeden trockenen Winkel. Da werden auch die Lammboxen bis an die Decke voll gestopft. Jetzt, Anfang Januar, sind die Vorräte schon stark dezimiert und der Stall kann wieder passend umfunktioniert werden. Diese Arbeiten wiederholen sich in jedem Jahr und sind allmählich schon zur Routine geworden.

Von den Anfängen

Nur mit meinem ersten Milchschaf schien das anders zu sein. Es ist jetzt schon einige Jahre her, als ich mich entschloss, mit der lang ersehnten Schafhaltung zu beginnen. Ida Schwintzer's Buch „Milchschaf" lag schon seit Wochen auf meinem Nachttisch und wurde mehrmals durchgelesen. Es schien empfehlenswert, die Zucht mit einem tragenden Tier zu beginnen. Ein kleiner Stall, Auslauf und Weide waren vorhanden, außerdem ausreichend Zeit, mich um die Pflege und Bedürfnisse der Tiere zu kümmern.

Freche Gesellschaft

Dann kam ich auf die Idee, für unser noch nicht vorhandenes Milchschaf ein Zwergziegenpaar zu erwerben. Wie sich bald herausstellte, kein guter Gedanke. Vom Besuch eines nahe gelegenen Viehmarktes wurde ein niedliches und sehr lebhaftes Zwergziegenpaar mit nach Hause gebracht. Dieses fühlte sich in dem bereits hergerichteten „Schafstall" sehr wohl. Die Ziegen fraßen alles was sie kriegen konnten, ruinierten sämtliche Bäume und Sträucher, verschmutzten und verkoteten alles bis zwei Meter über der Erde, nahmen von jeglichem Gerät und nicht verschlossenen Gefäßen Besitz und „meckerten" ziemlich viel herum. Sie klauten wie die Raben und waren im Übrigen sehr liebenswerte und anhängliche Geschöpfe.

Meine erste Auktion

Nur, ein Milchschaf gab es immer noch nicht. Irgendwann landete unsere Familie dann, ich glaube auf Grund eines Zeitungshinweises, bei einer Verkaufs- und Versteigerungsauktion im Bergischen Land. Da wir von nichts eine Ahnung hatten, konnte sich keiner vorstellen, wie man hier zu einem Schaf kommen sollte. Nach einer Weile entschloss ich mich, aus einer heftig diskutierenden Gruppe einen offenbar sachkundigen Herrn anzusprechen. Ich erklärte ihm, dass ich hierher gekommen sei, um ein Milchschaf zu erwerben. Er amüsierte sich zunächst über meine Unkenntnis, bemühte sich dann aber sehr zuvorkommend um Aufklärung: Dass sie hier ausschließlich eine Verkaufsauktion für Schlachttiere hätten, und ein Zuchtschaf könne man hier nicht kaufen.

An diesem Tage erfuhr ich eine Menge über Schafhaltung und -zucht. Der freundliche Herr empfahl uns in den Schafzuchtverein einzutreten. Dort würden wir alles Nötige erfahren und auch als Anfänger gut beraten werden. Da gleich am Abend eine Versammlung stattfand, wurde die Gelegenheit wahrgenommen und die ersten Kontakte waren schnell geknüpft. Dort war zu erfahren, dass Mutterlämmer und Jungböcke auf den Zuchtauktionen ersteigert werden können und das jetzt, Ende September, die Züchter in der Regel keine Tiere mehr abzugeben haben, da für dieses Jahr bereits „alles gelaufen sei". Ich ließ aber nicht locker. Möglichst bald und am liebsten sofort wollte ich ein Milchschaf haben. Nach Beendigung der Versammlung gab es ein neues Mitglied. Und dann fand sich doch noch ein erfahrener Milchschafzüchter der sich bereit erklärte, ein bereits „gedecktes" Mutterlamm zu verkaufen. Am 4. Oktober, versicherte er, habe der Bock seine Pflicht getan. Ich rechnete: Tragzeit bei Milchschafen etwa 143 Tage plus/minus drei Tage – Lammzeit wäre also etwa um den 24. Februar.

Ziegen- statt Schafnachwuchs

So zog Elke dann in unseren „Schaf-Ziegenstall" ein. Sie vertrug sich gut mit den Ziegen und nach ein paar Tagen bildeten die drei schon eine richtige kleine Herde. Der Anfang schien gemacht. Das Schaf rannte wie ein treuer Hund hinter den Kletterkünstlern her. Solange noch Büsche und Sträucher vorhanden waren, musste ständig irgendetwas aus der langen Wolle des Schafes entfernt werden. Am schlimmsten waren die dornigen Brombeer- und Himbeerranken. Die Erkenntnis: Brombeeren und Himbeeren auf Schafweiden sind wohl nicht so günstig!

„Zwergziegen sind an das Leben unter freiem Himmel gewöhnt und benötigen nur einen offenen Unterstand, um sich vor Niederschlägen zu schützen", versicherte der Züchter. Unsere beiden fanden das nicht. Der damals aus Unkenntnis für unser erstes Schaf vorgesehene, schöne, fest gemauerte Steinstall mit verschließbaren Fenstern und Türen, schien ihnen besser geeignet. Alle Versuche, sie abends aus dem Schafstall auszusperren, quittierten sie mit anhaltendem Gemecker. Die zahlreichen Unterstellmöglichkeiten in ihrem großzügigem Auslauf wurden hartnäckig ignoriert. Lieber standen sie stundenlang – samt Schaf – im strömenden Regen vor der geschlossenen Stalltür. Also wurde nachgegeben. Da der Herr der

> **Tipp: Auktionen**
> Der Kauf auf den Auktionen der Schafzuchtverbände bietet Gewähr für gesunde Tiere. Die angebotenen Schafe werden vor dem Verkauf tierärztlich begutachtet und der Käufer erhält die erforderliche Zuchtbescheinigung und damit die Erlaubnis, zum Beispiel die erworbenen Schafböcke zur Zucht einzusetzen.

> **Tipp: Die erste Brunst**
> Mutterlämmer, die das erste Mal brünstig werden und einem Bock zugeführt werden, stellen sich häufig noch ungeschickt an. Obwohl der Bocksprung mehrmals beobachtet wird, werden sie nicht gedeckt. Dann muss auf jeden Fall zwei bis drei Wochen die nächste Brunst abgewartet werden, um das Versäumte nachzuholen.

Truppe grundsätzlich auf der Trennmauer der kleinen Boxengasse balancierte und sich offensichtlich auch von oben herab entleerte, waren täglich aus der nassen, klebrigen Wolle des Schafes diverse Ziegenköttel zu entfernen. Da entstand zum ersten Mal der Gedanke, sich vielleicht doch wieder von den Ziegen zu trennen. So verging der Herbst und der Winter kam.

Die „tragende" Elke wurde gut gefüttert. Es sollte ihr an nichts fehlen. Auch die beiden Ziegen schlugen sich mit dem reichlich angebotenem Kraftfutter die Bäuche voll. Anfang Januar glaubte ich, dass mein Schaf schon rundlicher geworden sei. Einige Male hatte ich unter den Bauch gegriffen um ein eventuell wachsendes Euter zu fühlen – da war aber nichts. Langsam kamen mir Zweifel. Mitte Januar rief ich dann den Züchter an, der mir das „gedeckte" Schaf verkauft hatte. Das sei schon alles in Ordnung, beruhigte er mich. Bei den Erstlingen bildete sich das Euter häufig erst ganz zum Schluss. Am Bauchumfang könne man eine Trächtigkeit auch nicht immer mit Sicherheit erkennen. Sie würde schon lammen. Sie lammte nicht!

Dafür bekamen wir ein kleines Ziegenböckchen. Auch sehr niedlich. Drei Ziegen und mit der Schafzucht keinen Schritt weiter gekommen. Keine Lämmer, keine Milch und auch kein selbst hergestellter Käse in Aussicht. Der Züchter bedauerte, er könne das auch nicht verstehen und schob alles auf den vielleicht zu aggressiven Ziegenbock. Der hatte ganz bestimmt keine Schuld!

Ein Schaf mit Erfahrung

Mein Schaf wurde damals kein zweites Mal dem Bock zugeführt, wie es in diesem Fall richtig gewesen wäre (siehe Tipp: Die erste Brunst). Außerdem hatte ich auf Grund meiner derzeitigen Unkenntnis auch nicht darauf geachtet. Und nur von gutem Futter und

Entweder Ziegen oder Schafe.

Gras fressen wird ein Schaf nun mal nicht trächtig. Was jetzt? Weiter auf Milchschafsuche. Der Züchter von Elke vermittelte uns schließlich die Adresse eines Kollegen mit einem größeren Milchschafbestand. Ich rief an und man lud uns freundlich ein, die Tiere einmal anzuschauen. Die Aufnahme war herzlich und wir wurden mit köstlichem Schafkäse aus eigener Herstellung bewirtet.

Es standen mehrere Tiere zum Verkauf. Nicht zuletzt auch auf den Rat des Züchters entschied ich mich für ein mehrjähriges Mutterschaf mit Lamm. Das Schaf hatte eine gute Milchleistung und verfügte über viel Erfahrung – mehr als ich! Außerdem ließ es sich auch von einer ungeübten Hand wie der meinen willig melken. Ich übte gleich an Ort und Stelle. Nach einigen Fehlversuchen klappte es dann auch ganz gut. Wie gesagt, das Schaf hatte Erfahrung. Ich merkte dies einige Zeit später, bei dem Versuch, mein erstes Jährlingsschaf zu melken (siehe Seite XX). Die Aussicht, gleich am nächsten Tag Milch im Topf zu haben, war sehr verlockend. Wir erhielten noch viele gute, brauchbare Ratschläge und transportierten die beiden dann schließlich in unserem PKW-Kombi nach Hause.

Zu erwähnen wäre noch, dass unsere drollige Ziegenfamilie inzwischen das Feld geräumt hatte. Nach vielem Hin und Her musste ich mich doch entscheiden: Entweder Schaf- oder Ziegenzucht. Wir hatten Glück. Der Züchter erklärte sich bereit, die „wirklich sehr schönen Tiere" wieder zurückzunehmen. So war ich wenigstens sicher, dass sie ihren Bedürfnissen entsprechend untergebracht waren. Drei Schafe als Bestand sah doch schon nach etwas aus.

Ich war vollauf zufrieden. Elke wollte ich auf jeden Fall behalten und ihr noch einmal eine Chance geben. Da Milchschafe in der Regel nur saisonal, dass heißt im September/Oktober zur Nachzucht bereit sind, hieß es warten bis zum Herbst. Die Bockauktion war im August. Dass ich für meine drei Muttern ein eigenes Vatertier haben wollte, war bald beschlossene Sache. So kam es dann auch und der Nachzucht stand nichts mehr im Wege.

Geburt

Das ist nun schon alles eine Weile her und wieder einmal steht Ende Januar die erste Geburt bevor. Die Ablammboxen sind gut vorbereitet und nach meinen Notizen im Kalender müsste es bald so weit sein. Die Umquartierung erfolgte vor zwei Tagen. Genügend Zeit für das Schaf, um sich mit der zwar weitgehend vertrauten, aber doch etwas veränderten Umgebung anzufreunden. Die werdende Mutter hat Sichtkontakt mit den anderen und es ist deutlich zu erkennen,

> **Info: Geburtsvorbereitung**
> Für die werdende Mutter ist eine Box von 2 mal 2 Metern ausreichend, Futterschüssel und Wassereimer müssen lammsicher platziert werden. Dazu werden die Futterschüssel und der Wassereimer hoch aufgehängt. Reichlich frisches Heu steht zur Verfügung. Das Kraftfutter wird für das Erste reduziert. Angeboten werden Rübenschnitzel mit etwas Leinsamen und einem Esslöffel Mineralsalz. Letzteres sollte möglichst in dieser Zeit bei allen hochtragenden Schafen nicht vergessen werden. Diese Futtermischung fördert die Verdauung und ist für den Ablauf der Geburt hilfreich. Auch 15 ml eines Multivitamins (ADE) wurden bereits verlustsicher mit einer Einwegspritze direkt ins Maul eingegeben. So ist die Kondition des Muttertieres, das bald Schwerstarbeit zu leisten hat, gut stabilisiert.

dass sie sich wohl fühlt. Es ist bereits ihre vierte Geburt und sie wird instinktiv wissen, was auf sie zukommt.

Die typischen Anzeichen der bevorstehenden Geburt sind jetzt sichtbar: Die Scheide ist rosarot und stark angeschwollen. Das Euter fühlt sich stramm aber noch weich an. Die beiden Striche sind fest und etwas abstehend, so als wollten sie sich den Neugeborenen schon anbieten. Das Schaf ist sehr unruhig, legt sich häufig hin um sofort wieder aufzustehen. Zerstreut wird am Heu gezupft, ein paar Schluck getrunken und das Kraftfutter in der Schüssel hin und her geschoben, ohne etwas zu fressen.

Geburtsablauf

Der eigentliche Geburtsablauf hat bereits begonnen. Diese Eröffnungsphase kann mehrere Stunden dauern. In dieser Zeit dringt das Lamm in den Geburtskanal ein.

Geburt 15

Oben links und rechts:
Das Schaf hat im Stehen geboren – eine normale Geburt.

Mitte links:
Nur bei extremen Minustemperaturen wird bei Mehrlingsgeburten sicherheitshalber die erste Biestmilch mit der Flasche gegeben.

Mitte rechts:
Ein kräftiges Lamm findet schnell die mütterliche Milchquelle.

Unten:
Typische Haltung der Sauglämmer.

16 Januar

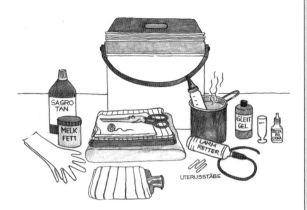

Häufige Kontrollgänge durch den Stall, ohne groß zu stören, lassen erkennen, dass bis jetzt alles planmäßig verläuft. Nach weiteren Stunden nimmt die Unruhe des Tieres noch zu. Die Zunge fährt hastig über die Lippen, das Schaf scharrt energisch mit den Vorderläufen im Stroh und immer wieder geht der Blick nach hinten. Auf meine beruhigenden Worte hin blicken mich große, unruhige Augen an. Jetzt wird es Zeit meinen „Hebammenkoffer" mit allen nötigen Utensilien bereitzustellen und auch mir einen Sitzplatz in einer Ecke einzurichten, falls ich helfen muss.

Dann wird es ernst. Die Fruchtblase ist geplatzt. Die Austreibung des Lamms hat begonnen. Jetzt halte ich mich ständig in der Nähe der Lammbox auf, um den weiteren Verlauf genau zu beobachten. Beim ersten Pressen ist zu erkennen: Das Lamm wird in einer normalen Vorderendlage geboren. Bei jeder weiteren Presswehe sind die beiden Vorderbeine auf gleicher Höhe mit den Klauen nach oben sowie die Spitze des Maules zu sehen. Ich lehne mich gelassen zurück. Das wird eine ganz normale Geburt.

Noch drei oder vier kräftige, von leichtem Stöhnen unterstützte Presswehen und das

> **Tipp: „Hebammenkoffer"**
> Jahrelang habe ich geeignete Behälter für die Hilfsmittel zur Geburt gesucht. Den Inhalt immer wieder ein- und ausgeräumt. Eine stabile Kühlbox aus Kunststoff ist eine relativ ideale Lösung. Darin lässt sich eine Menge übersichtlich, staubfrei und weitgehend temperaturstabil aufbewahren. Die Box ist standfest, leicht abzuwaschen und dient auch als Ablage und Notsitz. Zur Sicherheit wird der Inhalt jetzt noch einmal überprüft. Es ist alles komplett vorhanden:
> - Einige saubere Tücher verschiedener Größe, möglichst aus Baumwolle.
> - Immer dabei auch ein frisch gewaschenes, ausrangiertes Biberbetttuch zum kurzfristigen Warmhalten eines möglichen Problemlamms.
> - Mehrere Einweghandschuhe, davon wenigstens einer steril.
> - Gleitmittel zum Schlüpfrigmachen der Hand bei einer eventuell nötigen Geburtshilfe.
> - Uterusstäbe zur antibiotischen Versorgung der Mutter bei Schwergeburten (s. Seite 25, 143).
> - Schere, Baumwollfaden.
> - Ein hohes Schnapsglas zum Eintauchen des Nabels und flüssige Nabeldesinfektion.
> - Ein so genannter Lammretter (siehe Seite 25, 142). Das ist eine Schlundsonde zum Einflößen von Biestmilch, wenn schwache Lämmer keinen eigenen Saugreflex nach der Geburt haben.
> - Zwei Milchflaschen mit passendem Sauger.
> - Ein hoher Henkeltopf, um die Milchflaschen warm zu halten.
> - Eutersalbe und Melkfett.
>
> Außerdem stehen in der Nebenbucht bereit: Zwei Eimer warmes Wasser, eine Rotlichtlampe, zwei flache Gummiwärmflaschen, Kernseife, Desinfektionsmittel und ein sauberes Handtuch für den Helfer.

erste Lamm fällt klatschend ins Stroh. Das Schaf hat im Stehen geboren. Durch den Fall ist nicht nur die Nabelschnur ordnungsgemäß abgerissen, sondern es wird auch das Neugeborene mit Nachdruck in sein verändertes Leben gestoßen. Durch kräftiges Strampeln befreit es sich prustend und schüttelnd aus dem Rest der Fruchthülle, dann ist zum ersten Mal das zaghafte Stimmchen zu hören. Die eben noch so erschöpft wirkende Mutter wendet sich sofort dem Neugeborenen zu und antwortet mit einem zärtlichen „meckern". Das Kleine wird begutachtet und emsig abgeschleckt. Dabei wird der Rest der Fruchthülle mit aufgenommen. So wird der kleine, zitternde Körper nicht nur trocken und warm gehalten, sondern auch die erste, wichtige Mutter-Kind-Bindung aufgebaut. Die Beiden werden sich auch in einer größeren Schafherde immer wiederfinden. Für mich gibt es hier erst einmal nichts zu tun.

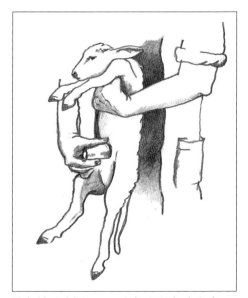

Nabeldesinfektion: so wird mit Sicherheit der gesamte Nabel eingetaucht.

Nach mehreren Fehlversuchen steht das Lamm bereits auf seinen vier wackeligen Beinen und nimmt mit der typischen Haltung der Sauglämmer die Wanderung zur mütterlichen Milchquelle auf. Obwohl es ein sichtbar kräftiges Tier ist, will das noch nicht so richtig gelingen. Auch die Mutter ist immer noch mit sich selbst beschäftigt. Mein inzwischen geschulter Blick erkennt, da kommt noch ein zweites.

Nach etwa 20 Minuten sondert sie sich etwas ab und beginnt erneut zu pressen. Jetzt steige ich über die Abtrennung und widme mich dem etwas verlassenen neuen Erdenbürger, um den Nabel zu versorgen. Das Schnapsglas wird mit Desinfektionslösung gefüllt und das Nabelende gründlich eingetaucht. Dabei wird das Lamm hochgenommen und das Glas mit Nabel auf die Bauchdecke gedrückt, damit auch mit Sicherheit der volle Nabel eingetaucht ist. Lieber etwas verschütten als zu sparsam sein. Selbst die perfekt durchgerissene Nabelschnur ist eine offene Wunde, in die leicht Krankheitserreger eindringen.

Während das zweite Lamm geboren wird, kümmere ich mich noch ein wenig um den Winzling. Leichtes Massieren der Beine und ein sanftes Abrubbeln mit sauberem Stroh helfen mit, die Lebensgeister noch weiter zu wecken. Dabei hört er zum ersten Mal auch meine Stimme. „Er" ist ein Bocklamm. So bin ich nach seiner Mutter bereits das zweite Wesen, das zu seiner neuen Umgebung gehört. Auch das Zweitgeborene, ein Mädchen, steht bald auf den Beinen und wird von dem bereits aktiveren Bruder neugierig beschnuppert.

Nachsorge

Die Aufmerksamkeit der Mutter gilt jetzt ausschließlich dem Nachwuchs. Immer wieder fährt ihre große raue Zunge fürsorglich über die kleinen Körper. Dabei werden sie vorsichtig, aber schon mit Nachdruck in Richtung Euter gedrängt. Dieses wird noch einmal von mir abgetastet und kurz angemolken. Die Strichkanäle sind häufig durch einen Biestmilchpfropfen verschlossen und die noch zaghaften Saugversuche der Neugeborenen reichen dann nicht aus, um die Milch zum Fließen zu bringen.

Mittlerweile ist es später Nachmittag geworden. Eine gute Seele hat mir eine Kanne Tee hingestellt. Die heiße Tasse zwischen den Händen, warte ich, ob eventuell noch ein drittes Lamm geboren wird. Das Verhalten der Mutter deutet nicht darauf hin. Sie hat bereits in langen Zügen von dem temperierten Wasser getrunken und die Rübenschnitzel gefressen. Meist ist das ein Zeichen dafür, dass die Geburt beendet ist. Heute ist offenbar kein weiteres Lamm zu erwarten. Hinlegen wird sich das Mutterschaf erst, wenn die Lämmer mehrmals getrunken haben. Dann können alle Drei die wohlverdiente Ruhe genießen. Während ich mit Genuss meinen Tee trinke und auch ein bisschen entspanne, haben es beide Lämmer geschafft und mit Sicherheit den ersten Schluck Milch getrunken. Noch ein kurzes Aufräumen und ich kann die Kinderstube für eine Weile unbeobachtet lassen – Mutter Schaf wird es schon richten.

Neugeborene liegen häufig unter der wärmenden Rotlichtlampe, wenn sie ihnen angeboten wird.

Obwohl es draußen empfindlich kalt ist, kann auf eine zusätzliche Wärmequelle verzichtet werden. Sind die Lämmer stabil, haben sie warme Milch im Bauch und eine gesunde Mutter, sind sie in einem trockenen, durchzugfreien Stall auch bei Minustemperaturen bestens versorgt.

Nebenan im Schafstall ist es ungewöhnlich ruhig geworden. Bei einem Blick über die Abtrennung kann ich ein leichtes Schmunzeln nicht unterdrücken. Wie an einer Schnur aufgezogen stehen die Mutterschafe und die, die es bald werden wollen, in der Reihe und starren fasziniert auf die neue Situation nebenan. Ich glaube, in den Gesichtern der angehenden Jungmütter etwas Erstaunen oder Ratlosigkeit zu erkennen. Ganz sicher haben sie heute etwas gelernt und ahnen, was bald auf sie zukommt.

Jede Lämmergeburt ist ein freudiges Ereignis.

Das Thema Schafe ist aber für heute noch nicht beendet. Nach der abendlichen Stallarbeit wird die inzwischen ausgestoßene Nachgeburt aus dem Stroh gefischt, untersucht und entsorgt. Das Pelzchen der Lämmer ist jetzt ganz trocken und beide liegen eng aneinander gekuschelt, offenbar gut gesättigt zwischen den Vorderläufen der bereits wiederkäuenden (Schafhalter nennen es „wiederkauenden") Mutter. Bei einem letzten Kontrollgang am späten Abend registriere ich kleine, runde Bäuche bei den wieder munter umhertapernden, schon ziemlich lebhaften Lämmern. Fast hätte ich vergessen, mir eine Portion Biestmilch abzumelken. Irgendwann ist dann auch dieser Tag zu Ende und der Mensch kommt wieder zu seinem Recht.

So viel wie möglich an die frische Luft – auch bei Frost.

Erste Milch

Diese erste lebensnotwendige Portion Biestmilch müssen alle neugeborenen Lämmer, auch die kräftigsten, möglichst schon in der ersten Lebensstunde aufnehmen. Nur so können die von der Muttermilch weitergegebenen Schutzstoffe (Antikörper) direkt durch die Darmwand ins Blut gelangen und die Abwehrkräfte der Lämmer für einen längeren Zeitraum gegen Krankheitserreger stabilisieren. Ist, aus welchen Gründen auch immer, keine Erstversorgung durch die eigene Mutter möglich, ist eingefrorene Biestmilch eines möglichst älteren Mutterschafes ein guter Ersatz.

Die Biestmilch von Schafen, die bereits mehrmals gelammt haben, ist wegen der zahlreich gebildeten Antikörper besonders wertvoll. Deshalb sollte in jedem Jahr bei der ersten Geburt vorsorglich etwas abgezweigt und sofort eingefroren werden. Inzwischen gibt es allerdings auch schon käuflichen Biestmilchersatz. Der ist aber relativ teuer und nicht so gut für längere Bevorratung geeignet. Außerdem ist dieser Ersatz meist nicht so schnell zu beschaffen, da Problemfälle, ähnlich wie Zahnschmerzen, in der Regel am Wochenende auftreten. Notfalls kann auch eine Mischung aus Eigelb und Traubenzucker mit Vitaminzusatz gegeben werden, die mit warmen Wasser aufgeschlagen und auf die Körpertemperatur von 39 °C erwärmt wurde. Danach sollte mindestens in den nächsten zwei Tagen Milch bei anderen Schafen abgemolken, oder, wenn das nicht möglich ist, auf die eiserne eingefrorene Ration aus dem Vorjahr zurückgegriffen werden. Bevor dann Milchaustauscher für Lämmer eingesetzt wird, empfiehlt es sich, wenn möglich, in den ersten Tagen mit frisch gemolkener oder aufgetauter Schafmilch zu mischen. So lassen sich Kräfte zehrende Lämmerdurchfälle vermeiden.

> **Tipp: Milchersatz**
> Eingefrorene Biestmilch ist ein guter Ersatz für Notfälle und behält tiefgekühlt etwa sechs Monate ihre Vollwertigkeit.

Februar

Nach Kälte und Dunkelheit
gibt es immer wieder
einen neuen Anfang.

(aus der Erinnerung)

Bei dem Gedanken an die kalte Jahreszeit hört sich Februar immer ein wenig besser an als Januar. Und dann erlaubt sich der Winter auch schon mal einen Ausrutscher und wir erleben ganz plötzlich ein bis zwei wärmere Tage. Da rückt die Vorstellung von saftigen, grünen Weiden gleich ein wenig näher.

Lammzeit

Im Februar werden in der Regel die meisten Lämmer geboren. Der Stall ist inzwischen schon ein bisschen voller geworden und wieder wird Nachwuchs erwartet. Das vorletzte der Altschafe lässt sich Zeit. Seit ich bereits vor vier Tagen die ersten Anzeichen einer beginnenden Geburt zu beobachten glaubte, ist sie schon von den anderen getrennt. Jeden Tag denke ich mehrmals, dass es losgeht – aber nichts passiert. Sie ist sehr unruhig und scharrt und wühlt die Einstreu immer wieder von oben nach unten. Offenbar aber nur, weil ihr auch das Hinlegen schon schwer fällt. Dann wieder liegt sie lange Zeit und füllt mit ihrer Körperbreite fast die gesamte Ablammbox aus. Gefressen wird mal gierig und hastig, dann wieder stundenlang gar nicht. Vielleicht steht die Geburt ja doch noch nicht unmittelbar bevor und ich habe mich täuschen lassen. Also noch einmal raus aus der Enge der Box an die frische Luft zu den anderen Schafen. Nein, auch das passt ihr gar nicht und postwendend läuft sie ausgesprochen flink wieder zurück. Ratlosigkeit!

Meine seit Tagen erhöhte Aufmerksamkeit für dieses Schaf lässt jetzt ein bisschen nach.

> **Info: Augen auf**
> Steht eine Lämmergeburt bevor, sollte stündlich der Zustand des Mutterschafs beobachtet werden.

Außerdem ist der häufige Aufenthalt im Stall bei diesen Temperaturen auch nicht angenehm. So lasse ich erst einmal Schafe Schafe sein. In den späten Abendstunden folgt dann ein weiterer Kontrollgang. Das erste Lamm ist bereits geboren. Aber irgendetwas stimmt nicht. Ärgerlich, dass ich den vollen Ablauf der Geburt nun doch nicht unter Kontrolle habe. Vier Tage und die halben Nächte habe ich mir um die Ohren geschlagen und nun das.

Das Neugeborene, nicht gerade ein Riese, ist schon fast trocken und etwa eine Stunde alt. Das Thermometer zeigt fünf Grad plus. Also, keine Gefahr für das Lamm. Die Aufmerksamkeit gilt der Mutter. Sie hat zurzeit keinen Blick für ihr Erstes und läuft hektisch und unkontrolliert im Kreis herum. Die Austreibungswehen sind noch häufig und folgen in relativ kurzen Abständen, aber jedes Mal von einem leidvollen Klagen begleitet. Das klingt anders als das eher befreiende Stöhnen, das besonders bei älteren Schafen häufig während der Austreibung des Lammes zu hören ist. Hier kann ganz klar ein Lamm ohne Hilfe nicht geboren werden.

Problemgeburt und Geburtshilfe

Ist man allein, empfiehlt es sich, das Tier kurz und sicher anzubinden, sodass es sich nicht hinlegen kann. Entsprechende Vorrichtungen sollten in jeder Ablammbox, möglichst in der Nähe einer Lichtquelle, vorhanden sein. Besser noch ist ein Helfer, der auch mit Worten beruhigend auf das Tier einwirken und es fürsorglich, aber absolut konsequent festhalten kann. Heute übernimmt der Hausherr bereitwillig diese Aufgabe.

Eile, aber keine Hektik ist angesagt. Hände und Unterarme des Geburtshelfers werden gründlich gewaschen, erst mit Kernseife, dann in einer warmen Lösung mit einem

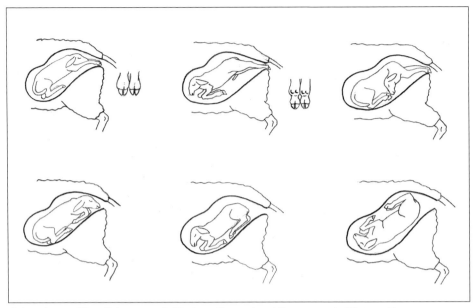

Geburtslagen. Oben links: normale Vorderendlage, oben Mitte: normale Hinterendlage, oben rechts und untere Reihe: anormale Geburtslagen, die Korrektur vor der Hilfestellung bei der Geburt erfordern.

Schuss Desinfektionsmittel. Die Fingernägel sollten während der gesamten Lammzeit so kurz wie möglich sein, um weder das Lamm noch die Mutter zu verletzen. Gleitgel wird nur in die Hand gerieben, die für den Eingriff vorgesehen ist, denn mit zwei glitschigen Händen kann man die Tiere schlecht festhalten. Vorsichtig und ganz langsam schiebt sich die eng gefaltete Hand, Daumen innen auf der Handfläche, in die Scheide.

Für jeden Anfänger ist das erst einmal eine Überwindung und wird dann mit der Zeit zur notwendigen Routine. Das Schaf empfindet bei einem sachgemäßen Eingriff bei dieser Untersuchung keinen Schmerz. Die Hand ertastet eine Vorderendlage mit einem ziemlich großen Kopf und einem ausgestreckten Vorderlauf. Der zweite Lauf ist nach hinten untergeschlagen und bremst so den Verlauf der Geburt. Wird das Ungeborene nun vorsichtig und mit Gefühl in Richtung Gebärmutter zurückgeschoben, korrigiert sich diese ungünstige Lage häufig von selbst. Heute muss ein wenig nachgeholfen werden.

Instinktiv entwickelt sich beim erfahrenen Helfer von selbst das Gespür für die richtige

> **Wichtig: Keine Experimente**
> Neulingen in der Schafzucht möchte ich empfehlen, sich bei Möglichkeit die Geburtshilfe von einem erfahrenen Schafhalter oder, sofern keiner zur Verfügung steht, von einem Tierarzt zeigen zu lassen. Während der Geburt bleibt keine Zeit für Experimente und schnell können das Lamm oder die Mutter verletzt werden.

Korrektur. Aber Vorsicht mit den weichen Gelenken! Meinem allerersten Lamm, dem ich auf diese Weise in die neue Welt geholfen habe, war durch meine zu tatkräftige Unterstützung ein wochenlanges Dasein auf drei Beinen beschert worden. Erst dann hatte sich das Ellenbogengelenk wieder so weit erholt, dass es belastet werden konnte.

Da immer noch regelmäßige, wenn auch jetzt schwächer werdende Wehen erkennbar sind, genügt es, die beiden Vorderläufe in Richtung Ausgang zu korrigieren und den Kopf ein wenig oben drauf zu drücken. Die Austreibung geht weiter und das Lamm kann nach der Korrektur ohne weitere Hilfe in Sekundenschnelle geboren werden. Die Scheide ist durch den Eingriff so geweitet, dass auch der relativ große Kopf des Lammes zügig austreten kann. Geschafft! Kräftig ausatmen und die tapfere Mutter sofort loslassen.

Ist die Gebärende bereits zu erschöpft und sind keine oder nur wenige Wehen zu erkennen, muss das Lamm vorsichtig, an beiden Läufen fassend, abwechselnd, möglichst in Gleichklang der noch vorhandenen Wehen langsam heraus in Richtung Euter gezogen werden. Dabei kann zur Unterstützung mit dem Mittel- und Zeigefinger der freien Hand der Kopf zwischen den Ohren gefasst und so noch zusätzlich ein bisschen Geburtshilfe geleistet werden. Ist die äußere Scheide noch relativ eng und angespannt, diese mit etwas Gel einreiben und mit dem Zeigefinger weiten. Klappt dies alles nicht auf Anhieb, lieber noch einmal loslassen, ruhig durchatmen und neu beginnen. Zwischendurch immer wieder beruhigend auf die leidgeprüfte Mutter einreden und ihr vermitteln, dass gehol-

Von oben nach unten:
Geburt einer reibungslos verlaufenden, normalen Hinterendlage. Das Schaf hat im Liegen geboren.

fen wird. Ist die zur Geburt notwendige Lage richtig korrigiert, „wird das schon…!"

Ist bei Mehrlingsgeburten eine normale Hinterendlage, häufig beim zweiten Lamm, zu erkennen und zieht sich die Geburt zu lange hin, sollte besser eingegriffen werden. Es kann zu viel Fruchtwasser in die Lunge gelangen. Das Lamm erstickt und wird tot geboren. Bei besonders großen Lämmern, die in Hinterendlage geboren werden, bleibt auch häufig die breite Schulter im Geburtskanal stecken und bremst so die Austreibung. Hat der Betreuer den Verlauf der Geburt nicht unter Kontrolle, vergeht zu viel Zeit bis, wenn überhaupt, rechtzeitig eingegriffen wird.

Auch das Neugeborene hat Schwerstarbeit geleistet und bleibt benommen im Stroh liegen. Ein Griff in das kleine Maul, um den Geburtsschleim zu entfernen und dann verrichtet die Mutter, wie umgewandelt, ihre Pflicht. Alle Anstrengungen scheinen vergessen. „Mütter" eben! Das große Kleine ist männlichen Geschlechts mit einem ausgeprägten, typischen Bockschädel und beachtlichen 5 kg Geburtsgewicht. Minuten später wird bereits in hohen Bogen die „Nachgeburt" ausgestoßen. Etwas untypisch! In der Regel geschieht das erst einige Stunden nach der Geburt des letzten Lamms und dann auch nicht mit so viel Schwung. Bei der Kontrolle stelle ich fest: Da ist ein Lamm mit der Nachgeburt mitgekommen – kaum als solches zu erkennen. Erst bei der Befreiung des Winzlings aus der blutigen Masse merke ich – es lebt! Die spätere Gewichtskontrolle ergibt knapp 900 Gramm.

Versorgung des Neugeborenen

Obwohl Mitternacht inzwischen längst vorbei ist, werden meine klammen, durchgefrorenen Glieder auf Anhieb wieder ziemlich beweglich. Als ich der emsig putzenden Mutter das blutige Etwas vorhalte, scheint sie zuerst etwas überfordert und verhält sich abweisend. Dann aber fährt ihre große, warme Zunge, begleitet von einem kurzen, mütterlichen Meckern doch einige Male hastig über das kleine Geschöpf, um sich dann wieder den Geschwistern zu widmen. Für einen kurzen Augenblick antwortet ein zartes, kaum hörbares Stimmchen – kaum ein Kilo neugeborenes Lamm will also leben.

Das Mutterschaf überlässt mir freiwillig die Bewältigung dieser Aufgabe. Damit das vom vielen Geburtsschleim noch warme Lamm nicht auskühlt, packe ich es erst einmal in mein Biberbetttuch. Es ist zwar nicht extrem kalt im Stall (5 °C), aber hier ist die Gefahr des Energieverlustes durch das Sinken der Körpertemperatur unter 39,5 °C schnell erreicht. Die an einer verstellbaren Kette unter der Stalldecke sicher hängende, jeder Zeit zum Einsatz bereite Rotlichtlampe ist schnell platziert und verbreitet schon einmal etwas Wärme. Noch ein bisschen rubbeln um den Kreislauf anzuregen und dann braucht es Wärme von innen. Mein in abgemolkene und körperwarm gehaltene Milch getauchter kleiner Finger, den ich in das Mäulchen schiebe, wird nicht angenommen.

> **Wichtig: Schnelle Hilfe**
> Anfänger und Ungeübte sollten bei wirklich schwieriger, anormaler Geburtslage, zum Beispiel bei mangelnder Öffnung der Gebärmutter, Quer- oder auch Hinterendlage mit beidseitiger Beugehaltung der Hinterbeine, lieber den Tierarzt holen. Ideal ist ein Veterinär, der sich mit Schafen auskennt, schnell erreichbar ist und auch nachts aus dem Bett geholt werden kann. Fehlende Sachkunde verursacht nicht zu vertretende Schmerzen der Gebärenden und führt zu unnötigen Lämmerverlusten.

Der bei Neugeborenen bereits kurz nach der Geburt vorhandene natürliche Saugreflex muss erst geweckt werden. Der „Lammretter", das ist eine Schlundsonde (siehe Kasten) kommt zum Einsatz, schon in temperiertem Wasser liegend, damit alles schön weich und warm ist. Ist der Versuch, bei dem nach jeder Anwendung mehr Sicherheit gewonnen wird, geglückt, wird dank der wichtigen Biestmilch ziemlich schnell und sichtbar Leben in den kleinen Körper kommen.

Diese kleine Portion Lamm hier hat Glück. Das Milchangebot von Mutter Schaf ist ausreichend. Kaum sind die ersten 10 ml eingeflößt, bewegt sich das Betttuch und der kleine Kopf hebt sich ein wenig. Nach einigen kurzen Pausen, wobei die Sonde im Schlund verbleibt, hat er 30 ml warme Milch im Bauch. Danach braucht auch der kleine Kerl etwas Ruhe.

Info: Der Lammretter
Um dem Lamm die wichtige erste Milch zu geben, ist ein ruhiger und kundiger Helfer, der das Lamm hält und auch beim Einflößen der Milch mit anfasst, von Vorteil. Es sollten, besonders bei einem sehr untergewichtigen und lebensschwachem Lamm, nie mehr als 30 ml gegeben werden. Die Sonde wird behutsam und langsam mit leichtem Fingerdruck (es sollte noch einer frei sein) auf den Kehlkopf, in den Vormagen geschoben und so ausbalanciert werden, dass vorerst keine Milch einfließt. Bleibt das Lamm ruhig ohne zu strampeln, husten oder prusten, kann davon ausgegangen werden, dass die Speise- und nicht etwa die Luftröhre gefunden wurde. Erst dann sollte die Milch langsam einfließen. Am besten lässt man sich den Umgang mit dem Lammretter von einem erfahrenen Schafzüchter zeigen.

An dem Platz unter der Rotlichtlampe wird eine Gummiwärmflasche so tief unter das saubere, trockene Stroh geschoben, dass Wärme, aber keine Hitze, auch von unten verbreitet wird. Freiwillig bleibt das noch ziemlich schlappe Lamm darauf liegen. Es darf nur nicht vergessen werden, die Wärmflasche regelmäßig auszutauschen, bevor sie ausgekühlt ist – zwei zu besitzen ist da schon vorteilhaft. Stündlich gibt es körperwarm gehaltene Muttermilch. Die Schlundsonde war schon bei der zweiten Ration nicht mehr nötig. Das Lamm trinkt und saugt aus der normalen Milchflasche. Da das aber noch nicht so schnell und zügig geht, besteht auch hier die Gefahr, dass die Milch während der Fütterung zu sehr auskühlt. Die Flasche wird in einen vorgewärmten Wollhandschuh gesteckt, und das Problem ist gelöst. Jetzt habe ich erst einmal ein Flaschenkind und das wird wohl bis zur Entwöhnung auch so bleiben.

Wichtig: Richtig temperierte Milch. Auch bei kräftigen und etwas älteren Lämmern, die mit der Flasche gefüttert werden, kann zu kalt verabreichte Milch Durchfall verursachen. Die zur weiteren Verdauung der Milch im Vormagen nötige Säuerung ist nur bei Körpertemperatur möglich. Wird die ungesäuerte Milch zu kalt verabreicht, muss sie erst im Magen auf die nötige Temperatur gebracht werden. Es sei denn, es wird wie häufig an der Lämmerbar eine vorgesäuerte Kalttränke zur Selbstbedienung angeboten.

Flaschenaufzucht

Bei Drillingsgeburten ist es immer ein Risiko, alle Lämmer von der Mutter aufziehen zu lassen, ohne wenigstens eines regelmäßig an die Flasche mit Milchaustauscher zu gewöhnen. Bei Drillingsgeburten reicht nach etwa drei bis vier Wochen die Muttermilch nicht mehr aus. Die Lämmer werden nicht richtig satt und bei dem Gerangel an der mütterlichen Milchquelle kommt es leicht zu Euter oder Strichverletzungen. Nach einigen Tagen stelle ich fest, dass die Drillingsmutter im Moment genügend Milch produziert. Das Euter ist mir, obwohl zwei kräftige Lämmer daran trinken und für den kleinen Bruder abgemolken wird, immer noch ein bisschen zu stramm. Bei Laktationsbeginn, zwei bis drei Tage nach der Geburt, schwillt das Euter häufig beängstigend an. Ist es nicht hart und übertrieben heiß, kein Grund zur Sorge, es reicht, mehrmals täglich etwas abzumelken. Der Bedarf der Sauglämmer wird jeden Tag größer und bald zeigt die mehrmalige, tägliche Kontrolle mit der Hand ein lockeres Gefüge.

Im Moment kümmert das die Lämmer wenig. Allmählich verschwinden die Knitterfalten aus den Pelzchen und sie werden jeden Tag ein bisschen knackiger. Sogar das kleine Drillingslamm, das das Saugen bei der Mutter nicht mehr gelernt hat und ein Flaschenkind geblieben ist, wird schon etwas rundlicher. Profis würden sagen: „Ein reines Zusatzgeschäft mit unnützem Aufwand."

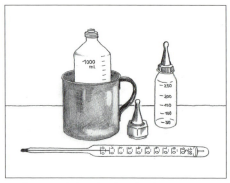

Wichtiges Zubehör für die Flaschenfütterung.

Bei Drillingen sollte immer möglichst das gleiche Lamm gefüttert und an die Flasche gewöhnt werden.

Bei Idealisten, und das sind vor allem Schafzüchterinnen, gilt die Devise: „Es wird um jedes Lamm gekämpft." In der ersten Februarwoche haben in der Regel die Hälfte der Schafe ihre Lämmer geboren.

Mit den Nächten während der Lammzeit ist das so eine Sache. Es gibt immer wieder Mutterschafe, die grundsätzlich in der Nacht mit der Geburt beginnen. Leider sagen sie nicht immer genau, in welcher.

Untypisches Verhalten

Gunda, mein zurzeit ältestes Schaf, erfreut mich in jedem Jahr durch die Geburt gesunder Drillinge. Ansonsten stellt sie alle meine Beobachtungen und Erfahrungen, die ich mit tragenden oder lammenden Mutterschafen gemacht habe, auf den Kopf. Bei ihr ist alles anders. Das beginnt schon während der Deckzeit im September und Oktober.

Gunda lässt weder während der Deckzeit erkennen, wann der Bock willkommen ist, noch kündigt sie die Geburt ihrer Lämmer durch irgendein typisches Verhalten an. Nur die zunehmende Körperfülle und die Beschaffenheit des Euters geben in etwa Aufschluss darüber, wann mit der Ablammung zu rechnen ist. In irgendeiner Nacht werden dann die Lämmer geboren und fast gelangweilt nimmt sie am anderen Morgen meine stets lobenden Worte über das freudige Ereignis zur Kenntnis. Bei einer ihrer Töchter scheint sich das vererbt zu haben.

Erstlingsgeburten

Irgendwie hatte ich bei der Lammerei ein wenig die Übersicht verloren. Die Erstgeburt von Gundas letztem Mutterlamm vollzog sich ganz unauffällig in einer Ecke des Stalles. Sie hatte ganz allein, von mir unbemerkt und ohne großes Getue, ein kräftiges Lamm geboren. Und sie kam auch weiterhin ganz

Nach getaner Arbeit ist gut ruh'n.

Info: Brunst und Deckakt

Im September und Oktober, wenn die Tage kürzer werden, zeigen die Mutterschafe, vor allem die, die schon einmal gelammt haben, durch ihr verändertes Verhalten an, dass sie zur Nachzucht bereit sind. Auffällig oft halten sie sich in der Nähe des Deckbocks auf. Dem Betreuer gegenüber sind sie sehr anhänglich oder auch unruhig. Es wird vermehrt geschwänzelt und die äußere Scheide ist leicht gerötet. Manchmal leuchtet sie auch wie eine rote Schlusslaterne. Aber erst, wenn das brünstige Schaf auf Drängen des Bockes stehen bleibt, kann der Deckakt vollzogen werden. Jetzt ist es Zeit, den ersten Vermerk im Kalender vorzunehmen. Bleibt das Schaf in den nächsten zwei bis drei Wochen unauffällig, setzt in der Regel keine zweite Brunst ein. Der voraussichtliche Geburtstermin wird notiert.

gut damit zurecht. Wie der kleine runde Bauch des Neugeborenen anzeigte, hatte auch die Erstversorgung bereits geklappt. Ich beschränkte mich auf die Feststellung des Geschlechtes und der Nabeldesinfektion. Bei einem späteren Kontrollgang fand ich Mutter und Kind eng beieinanderliegend. Einen Grund, die beiden noch abzusondern, gab es nicht.

Große Lämmer

Die meisten Jungschafe lammen ja auch problemlos ohne Hilfe. Aber ganz sicher sein kann man da eben nicht. Bei Erstlingsgeburten können zum Beispiel Schwierigkeiten auftreten, wenn die Lämmer sehr groß sind. Da die Geburtswege noch eng sind, kommt es vor, dass die Erstgebärenden mit der dadurch bedingt längeren Austreibungsphase überfordert sind. Aber auch hier gilt es nur einzugreifen, wenn es unbedingt erforderlich scheint. Oft hilft schon gutes Zureden oder Streicheln durch eine vertraute Person. Wenn allerdings erkennbar ist, dass die Kräfte des Tieres zusehends nachlassen, ist Hilfe angebracht.

Auch die Nähe der eigenen Mutter bei selbst aufgezogenen Jährlingen bedeutet eine Unterstützung für das Tier. Die starke Bindung von Mutter und Tochter besteht bei Milchschafen oft noch über Jahre hinaus. Wenn die Situation es zulässt, versuche ich, zwei besonders miteinander vertraute Tiere in einer Doppelbox unterzubringen. Kurz vor der Geburt des ersten Lammes werden die beiden ruhig und ohne Hektik getrennt und die Verbindungstür wird geschlossen.

Die Ablammende hat dann keinen Blick mehr für ihre Umgebung und ist völlig mit sich selbst beschäftigt. Sieht sie dann ihr erstes Kind vor sich liegen, wird sie sofort zur wissenden Mutter und lässt es auch gerne geschehen, wenn der vertraute Pfleger behilflich, ist bis das Neugeborene die erste Milch im Bauch hat.

Scheue Mütter

Hin und wieder kommt es aber auch vor, dass besonders scheue oder hektische Erstgebärende ihre Kinder nicht annehmen und sich sogar aggressiv gegenüber dem oder den Lämmern verhalten. Es muss dann auf jeden Fall der Versuch unternommen werden, die Annahme zu erzwingen. Wenn es mit Geduld und Feinfühligkeit nicht klappt, hilft nur ein möglichst kurzes Anbinden und Festhalten. Mit Hilfe einer zweiten Person kann dann versucht werden, das Lamm an das Euter zu führen. Auch das Einreiben der Verstoßenen mit reichlich Geburtsschleim oder der Nachgeburt veranlasst das irritierte Muttertier eventuell zum Umdenken. Nutzt

> **Info: Drillingslämmer**
> Bei Drillingslämmern, denen ja in den ersten drei bis vier Wochen die Milchquelle der Mutter als Hauptnahrung zur Verfügung steht, kann es vorkommen, dass eines in der Entwicklung bedenklich zurückbleibt, da es nicht ausreichend satt wird. Die Kräftigeren, es können ja immer nur zwei gleichzeitig trinken, bedienen sich zuerst. Wenn das Euter leer ist, sieht man dann das schwächere Lamm immer wieder an den Strichen nuckeln. Es entsteht der Eindruck, es würde reichlich und oft saugen. Aber leider kommt dann nichts mehr. Da muss dann mehrmals täglich zugefüttert werden. Es gilt daher, alle Schafe, die Lämmer führen, immer wieder zu beobachten, die Euter zu kontrollieren und den Ernährungszustand des Nachwuchses nicht außer Acht zu lassen. Eine schöne Aufgabe, zu der sich der Milchschafhalter immer wieder genügend Zeit lassen sollte.

das alles nichts, hat man ein Flaschenkind, oder vielleicht noch das Glück, dass es von einer anderen Mutter angenommen wird. Letzteres gelingt allerdings sehr selten.

Anhängliche Schafe

Ganz anders kann der Ablauf der Geburt bei sehr anhänglichen und sensiblen Milchschaferstgebärenden vor sich gehen. Im letzten Jahr hatte ich den bisher absoluten Einzelfall: Als der Geburtsablauf mit der Eröffnungsphase bereits eingesetzt hatte und zwei Tiere in einer Doppelbox abgetrennt waren, ließ sie mich nicht mehr aus den Augen. Sobald ich mich entfernte, setzte ein wehleidiges Jammern und Blöken ein. Diese sich für ein bedauernswertes Geschöpf haltende, werdende Mutter war von der neuen Situation so überrascht worden, dass sie zunächst nicht allein damit fertig wurde. Als dann die eigentliche Austreibungsphase begann, brüllte sie bei jeder Wehe so laut, dass das halbe Dorf aufwachte und glaubte, Raubtiere seien in unseren Stall eingedrungen.

Dann gebar sie unmittelbar hintereinander drei kerngesunde Lämmer und wurde von einer Minute zur anderen eine Übermutter. Ein zur gleichen Stunde geborenes, von der eigenen Mutter abgelehntes Lamm, welches aus Versehen durch die Abtrennung in ihre Nähe getappt war, wurde sogleich adoptiert und eifrig mit abgeleckt. Sie kümmerte sich einen Sommer lang aufopfernd um ihre „vier" Kinder. Zwei davon wurden zusätzlich an die Flasche gewöhnt. In diesem Jahr hat sie als bereits erfahrene Mutter ganz leise Zwillinge auf die Welt gebracht.

Stalleinrichtung

Der Stall ist, so wie er jetzt genutzt werden kann, ganz brauchbar. Obwohl es schon überall von Lämmern wimmelt, ist immer noch genügend Platz für die, die noch erwartet werden. Am Anfang haben wir uns mit dem Bau, dessen immer wieder notwendigen Änderungen, Erweiterungen, so wie der Konstruktion von Futterraufen, Trögen oder Stalltüren, sehr schwer getan. Genügend gute Fachbücher sind vorhanden und gelesen haben wir sie auch. Aber wieder besseren Wissens wollten wir da ein bisschen unsere eigenen Vorstellungen verwirklichen. Mit dem Ergebnis, dass zum Beispiel die Futterraufen ungeeignet, in Kürze wieder zerstört, die Türen und Hürden eingedrückt waren und vor allem vieles einfach nicht stabil genug war. Es wurde ständig repariert, erneuert oder verbessert. Inzwischen sind wir schlauer geworden. Es kann viel Ärger, Arbeit und nicht zuletzt auch Geld gespart werden, wenn man auf den Rat erfahrener Schafzüchter hört.

Die jetzige Unterkunft der Tiere, sicher auch nicht unbedingt ein Elitestall, besteht aus Holz mit einem großen, überdachtem Freiraum; ausreichend Platz für zehn Schafe und ihre Nachzucht. Außerdem gibt es einen separaten Bockstall mit zusätzlich eingezäuntem Weideangebot. Letzterer wird im Sommer, wenn der Bock mit der Herde läuft, auch als Unterstand für die abgesetzten und für die Zucht vorgesehenen Lammböcke genutzt. Außerdem sind einige Lammboxen bei Bedarf umfunktionierbar, was zur Ablammung oder im Winter für die Bevorratung von Heu und Stroh sehr praktisch ist.

Als Baumaterial wurden preiswerte Schwartenbretter verwendet: Zur Wetter- und Südseite doppelwandig und gen Osten zur aufgehenden Sonne hin, wo das eingezäunte Vordach Schutz vor Wind und Regen bietet, mit großen Oberlichtern zur besseren Luftzirkulation. Letztere sind zusätzlich wegen der Füchse zum Schutz der neugeborenen Lämmer mit kräftigem Maschendraht gesichert. Der gewachsene Boden ist leicht schräg, sodass Feuchtigkeit gut ablaufen kann. Insgesamt gibt es ungefähr 20 Meter Heuraufen. Die Hälfte davon im Stall an der doppelwandigen Südseite, die anderen zu zwei mal fünf Metern unter dem geschützten Vordach.

Futterraufen

Eine niedrige 5-Meter-Raufe ist für die Lämmer gedacht, wird aber in erster Linie auch von den Altschafen genutzt, auch wenn sie beim Fressen auf die Knie müssen und sich dabei fast den Kopf verrenken. Am Anfang, als noch alles neu und schön sauber war, dienten die unter den Heuraufen aufgestellten rechteckigen, aus gehobelten Brettern hergestellten Tröge nicht nur zum Auffangen des beim Fressen rausgezupften Heus, sondern auch zur Verabreichung des Kraftfutters.

Es stellte sich heraus, dass es sehr aufwändig wurde, sie zu säubern. Saubere Fressgefäße sind aber insbesondere auch für die Lämmer wegen der immer wiederkehrenden Gefahr der Kokzidieninfektion (siehe Seite 52) zu empfehlen. Besser geeignet sind robuste Kunststoffschüsseln aus dem landwirtschaftlichen Fachhandel. Diese werden regelmäßig in einem eigens dafür reservierten Maurerkübel gereinigt. Gefäße aus dem Haushaltwarenbedarf sind zur Futtergabe nicht stabil genug und deswegen ungeeignet. Diese Art der Fütterung ist natürlich nur in einer kleinen Herde möglich.

Selbstgezimmerte Heuraufe mit Futterschüsseln, die gut zu reinigen sind.

Elektroinstallation

Inzwischen sind auch genügend Lampen, Schalter und Steckdosen, für die Schafe unerreichbar, installiert. Einige Vorrichtungen zum Anbinden und Fixieren der Tiere unter einer Lichtquelle erleichtern die Arbeit bei möglichen Krankheiten oder Problemgeburten.

Lagerung des Futters

Die verlustsichere Bevorratung des Futtergetreides war lange Zeit ein Problem. An den im Herbst beim Bauern „günstig" in Jutesäcken eingekauftem Getreide haben sich Mäuse und manchmal auch Ratten kräftig mitbedient. Die teuer bezahlten Säcke wurden total durchlöchert und unbrauchbar, oft rieselte das Futter nur so heraus. Die Idee, einen Regenwasserauffangbehälter zu erwerben und umzufunktionieren, erwies sich als brauchbar. Bei einem erhöht aufgestellten 250-l-Fass wurde der Ablaufschlauch entfernt und eine Klappe zur Entnahme des Futters angebracht.

Haltung der Muttertiere mit Lämmern

Die unruhige Zeit im Februar geht allmählich zu Ende. In diesem Jahr haben es alle Schafe geschafft und bis Ende des Monats ihre Lämmer geboren. Liegen die Ablammtermine Anfang des Jahres nahe beieinander, konzentriert sich die Arbeit bei der Betreuung der heranwachsenden Lämmer und der Mutterschafe für den Schafhalter auf einen kürzeren Zeitraum. Das Futterangebot der Truppe ist besser zu kontrollieren. Wenn zum Beispiel zehn Muttertiere bedarfsgerecht gefüttert werden sollen, ist es sehr aufwändig, die Tiere ihren momentanen Anforderungen entsprechend immer wieder zu trennen. Gibt es nieder-hochtragende, Müt-

Schwanzschur nach der Lammung. Man sieht die sehr gut ausgeprägten Milcheuter bei diesen beiden Schafen.

> **Info: Diebische Lämmer**
> Bei einer nervösen und unaufmerksamen Mutter nutzen die älteren Lämmer die Gelegenheit (und da gibt es wahre Spezialisten), sich an der leicht erreichbaren neuen Milchquelle zu bedienen. Diese Spezies halten sich, wenn man sie denn lässt, auch gerne in der Nähe Gebärender auf. Blitzschnell zapfen sie die abgelenkte, werdende Mutter an. Das kann für die Neugeborenen fatale Folgen haben. In Sekundenschnelle ist das Euter leer und die lebensnotwendige Biestmilch verschwunden.

ter mit Drillingen, mit einem Lamm oder auch güste (nicht tragende) Tiere, ist es schwierig, allen die nötige Futterzusammensetzung anzubieten. Die Lämmer sollten sich jederzeit durch einen Lämmerschlupf (siehe Seite 32) selbst versorgen können.

Der Familienverband der Milchschafe, besonders wenn sie in einer kleinen Herde leben, ist sehr eng. Werden sie getrennt,

Seiten- und höhenverstellbarer, tranportabler Lämmerschlupf.

rufen beide Seiten nach den jeweils Abgesonderten. Haben sie noch Sichtkontakt, kann das Tage dauern und manche hören nie auf. Das Gewimmel der Lämmer ist sehr groß. Überall sind sie zu finden. Jährlingsmütter mit Drillingen haben jetzt eine große Aufgabe. Sie sollten besonders gut im Auge behalten werden. Auf jeden Fall müssen sie nach der Geburt ein paar Tage enger mit ihren Neugeborenen gestellt werden. Steht danach größerer Freiraum zur Verfügung, ist die junge Mutter schon sicherer geworden und behält den Überblick.

Müssen Mutterschafe, ob jung oder erfahren, aus welchen Gründen auch immer, in einem großen Stall inmitten der Herde gebären, sollten vorübergehend eine Abtrennung aus Hürden oder Strohballen aufgebaut werden und die neugierigen älteren Lämmer gesondert gehalten werden. Neugeborene haben außerdem häufig kurz nach der Geburt den Drang zu „wandern". Entfernen sie sich dabei zu weit von der Mutter, besonders wenn noch ein zweites oder drittes Lamm geboren wird, geht die Mutter-Kind-Bindung schnell verloren: Das Lamm bleibt unbeachtet. Ist dann kein Betreuer im Stall, kühlt das Lamm besonders bei Minustemperaturen, sehr schnell aus und ist nicht mehr zu retten. Ein verantwortungsvoller Milchschafhalter kennt diese Gefahren und schlägt sich deshalb auch lieber einmal eine Nacht um die Ohren, um sicher zu sein, dass wirklich alles in Ordnung ist.

März

Wer die Welt liebt
sollte die Augen aufmachen,
nicht den Mund.

Heute ist die Stallarbeit fürs Erste erledigt und ich nutze das schöne Wetter. Um diese Jahreszeit werden die ersten, warmen Sonnentage noch fast gierig angenommen. Der Bedarf, länger in der Sonne zu liegen, lässt nach, sobald es richtig Sommer ist. Aber jetzt in der Mittagszeit eine halbe Stunde mit hochgelegten Beinen in der Märzsonne zu sitzen und einfach gar nichts zu tun, sondern nur zu genießen, ist Balsam für die Seele. Drumherum das lustige Gezwitscher der emsigen Blaumeisen und das sich so wichtig anhörende Geschwätz der Spatzen tun ein Übriges für die Entspannung.

Etwas weiter weg, am Waldrand in der Krone einer riesigen, alten Eiche, klingt es nicht so harmonisch. Dort haben sich einige Elstern, Krähen und Eichelhäher niedergelassen. Sie kreischen und zetern um die Wette.

Von harmonischem Vogelgesang sind die weit entfernt. Als über ihnen ein Bussardpaar auftaucht, wird das Geschrei noch lauter und ein hektisches Auf- und Abfliegen beginnt. Einige Krähen versuchen die Bussarde zu verscheuchen. Diese lässt das aber ziemlich kalt und sie ziehen weiter ihre Kreise.

Auch die Schafe haben eine Ruhepause eingelegt. Sie liegen dicht aneinander gedrängt und dösen wiederkäuend in der Mittagssonne. Nur der Bock beobachtet schon eine ganze Weile aufmerksam die Chaoten in der Eiche. Sehr beunruhigt wirkt er allerdings nicht.

Durch die Anwesenheit der lauten Rabenvögel werde ich an einige unangenehme Nachrichten und Zeitungsartikel über angreifende Krähenschwärme erinnert. Nach diesen Berichten sind die Vögel wie

Auch die Krähen brauchen Futter zur Aufzucht ihrer Jungen.

wild in Scharen auf die Schafe herabgestürzt, haben die Lämmer getötet oder ihnen die Augen ausgepickt. Inzwischen ist viel über dieses Thema diskutiert und geschrieben worden.

Ich denke, hier haben auch Wanderschäfer und Koppelschafhalter eine gewisse Verantwortung für ihre ablammenden Mutterschafe mit zu übernehmen. Nach- oder Totgeburten von Tieren, die auf der Weide oder unter freiem Himmel gebären, müssen sachgemäß entsorgt und dürfen nicht als Futter für Greifvögel und Füchse zurückgelassen werden. Wenn beispielsweise die gewohnte, jahrelange Abfallentsorgung der Städte und Gemeinden auf große, offene Müllkippen plötzlich eingestellt, die Berge eingeebnet und neu bepflanzt werden, kann das Nahrungsangebot für in der Nähe lebende Krähenkolonien knapp werden. Auf der Futtersuche schwärmen die hungrigen Vögel dann weit aus und nutzen alles, was fressbar erscheint, besonders im Frühjahr, wenn auch sie Jungvögel aufziehen. Der Unterschied zwischen einer Nachgeburt und einem warmen, blutigen neugeborenen Lamm, ist für eine ausgehungerte Krähe nicht sehr groß.

Diese hier in unserem Baum haben nichts dergleichen vor. Sie sind in erster Linie mit sich und ihren Artgenossen beschäftigt. Irgendwann ist der Spuk in der Eiche zu Ende. Es ist wieder Ruhe eingekehrt und die Vögel sind offenbar davon geflogen. Auch die Sonne ist inzwischen verschwunden. Langsam ziehen Nebel auf und es wird empfindlich kalt.

Fütterung

Die Schafe haben beobachtet, dass ich am Stall hantiere. Sie stehen am Weidetor und sind unruhig. Sie haben Hunger. Das wenige Gras, das sie jetzt weiden können, ist ja nur ein kleines Zubrot. Im Stall gibt es reichlich Heu und frisches Wasser. Trotzdem glauben einige, noch ein bisschen protestieren zu müssen. Die zweite Kraftfutterration gibt es aber erst gegen Abend, außer natürlich für die Lämmer, die jetzt im Stall noch ihren Lämmerschlupf mit Futterangebot zur freien Verfügung haben. Dann ist die Nacht nicht so lang und der Ruf nach Futter beginnt nicht schon morgens um sechs Uhr, was auch die Nachbarn dankbar begrüßen.

Einige Milchschafmütter, die zwei oder drei kräftige Lämmer führen, wollen fast immer fressen. Da gilt es Angebot und Nachfrage möglichst früh und konsequent zu klären. Ansonsten bestimmen diese Muttertiere durch ihr anhaltendes „Fordern" sehr schnell, wie viel und wie oft Kraftfutter zu geben ist. Auch ihre halbwüchsigen Lämmer, besonders die weiblichen, lernen sehr schnell und passen sich der Situation an. Eines steht fest: Milchschafe gehören nicht zu den bescheidensten Schafrassen – mit Sicherheit aber zu den liebenswertesten!

Ist morgens alles aufgefressen, wird die Menge erhöht. Bleibt zu viel übrig, gibt es etwas weniger. Heu fressen Lämmer nur gerne, wenn es trocken und nicht zu hart ist. Erst wenn sie ganztags auf der Weide und von der Herde getrennt sind, gibt es, wie für alle anderen, Kraftfutter nur noch für die Nacht. So ist sicher gestellt, dass die Tiere

> **Info: Zusatzfutter**
> Wird von den Milchschafen die volle Leistung erwartet, dann ist ihr Bedarf an Zusatzfutter auch bei guter und ausreichender Weide größer als bei vielen anderen Schafrassen. Die Menge und Qualität der Milch, kräftige Lämmer und stabile Gesundheit der Mutterschafe sind nur bei ausreichender Fütterung gewährleistet.

die Weide voll ausnutzen und nicht schon morgens mit voll geschlagenem Bauch in der Sonne liegen.

Das bedarfsgerechte Füttern von Milchschafen, die in kleinen Beständen gehalten werden, ist gar nicht so einfach. Die Tiere leben ja die meiste Zeit in ihrem „Familienverbund" und werden selten getrennt oder einzeln gehalten. Das Platzangebot und die Ausstattung des Stalls machen es häufig schwierig, zehn Mutterschafe nebst Deckbock und Lämmern in streng getrennte Leistungsgruppen zu unterteilen. Hier bedeutet die Schafhaltung zwar keine Existenzgrundlage und das ökonomische Füttern steht nicht unbedingt im Vordergrund, aber die Gesundheit der Tiere verlangt neben guten Haltungsbedingungen doch eine gewisse Kenntnis der Futterzusammenstellung. Außerdem strapaziert eine leistungsgerechte Winter- und Frühjahrsfütterung, auch von nur fünf oder zehn Mutterschafen bis zum Absetzen der Lämmer, ganz schön den Geldbeutel, besonders wenn vorwiegend Handelsfuttermittel eingesetzt werden müssen. In der Praxis erlebt man immer wieder, dass Schafe, häufig aus Unkenntnis, manchmal auch aus Sparsamkeit, entweder zu viel, zu wenig oder auch falsch gefüttert werden.

Das Verdauungssystem

Das Schaf gehört zu den so genannten kleinen Wiederkäuern. Sein Verdauungstrakt ist auf rohfaserreiche, das heißt pflanzliche Ernährung angewiesen. Auf Grund ihres Vormagensystems – Pansen, Netz- und Blättermagen – können Schafe das Eiweiß von pflanzlichem Futter optimal nutzen. Die im Pansen für die Vorverdauung sorgenden Mikroorganismen schließen die pflanzlichen Rohfasern auf und bereiten sie für die weitere Verdauung vor. Das funktioniert aber nur bei gleich bleibenden Säureverhältnissen. Nur dann kann die nötige Vermehrung der Mikroorganismen vor sich gehen und eine ungestörte Pansenfunktion Gewähr leisten. Gut sichtbar ist das beim Wiederkäuen der ruhenden Tiere. Sehr empfindlich reagiert das Pansenmilieu bei Veränderung der gewohnten Futteraufnahme.

Gewöhnung an Weide und Kraftfutter

Werden aufgestallte Schafe nach langer Heufütterung im Winter bei anhaltend schönem Wetter auf die Weide gelassen, sollte das erst einmal für wenige Stunden geschehen. So wird nicht zu viel eiweißreiches Gras aufgenommen und die Verhältnisse im Pansen können sich entsprechend anpassen.

Auch die Erhöhung des Grundfutters zur leistungsgerechten Fütterung trächtiger Schafe mit Kraftfuttergemischen (Weizen, Hafer, Gerste, Rübenschnitzeln) sollte allmählich geschehen, ansonsten besteht die Gefahr der Pansenübersäuerung. Die Schafe verringern die Wiederkäutätigkeit und zeigen Fressunlust. Sind offensichtlich Fehler gemacht worden, muss das rohfaserarme und kohlenhydratreiche Futter sofort redu-

> **Tipp: Fütterung**
> Jetzt im März sind die Tiere auf jeden Fall noch auf Heu zur freien Verfügung und eine Kraftfutterration morgens und abends angewiesen. Außerdem gibt es täglich Mineralsalz nach Vorschrift des Herstellers.
> Die Lämmer erhalten, wenn sie noch ständig bei ihren Müttern sind, für die Alttiere unerreichbar eine Mischung aus Gerste oder Hafer, fertigem Schaffutter aus dem Handel und Rübenschnitzel zur freien Aufnahme. Die Futterschüsseln werden täglich gereinigt und die Reste, sofern sie nicht verschmutzt sind, unter das Futter der Altschafe gemischt.

Frisches Futter in Sicht!

ziert und mehr Heu oder Stroh angeboten werden. Auch reichlich frisches Wasser, mit Schlämmkreide versetzt, kann helfen das Pansenmilieu allmählich wieder zu neutralisieren.

Fütterungsfehler

Fütterungsfehler können zu ernsthaften Stoffwechselproblemen führen und die Ursache verschiedener Krankheiten sein. Werden zum Beispiel heranwachsende Bocklämmer zu stark und einseitig mit Getreide gefüttert, besteht die Gefahr der Harngrieß- und als Folge davon, der Harnsteinerkrankung. Die Ursache ist ein ungünstiges Verhältnis von Phosphor und Kalzium im Kraftfutterangebot. Die Futtermittelhersteller haben das Problem aufgegriffen und bieten ein Fertigfutter für die Bockaufzucht mit einem Kalzium-Phosphor-Verhältnis von etwa 2,5 : 1 an.

Durch zu viel phosphorreiches und kalziumarmes Futter bildet sich Harngrieß in der Harnblase. Die daraus entstehenden steinartigen Kristalle gelangen in die Harnröhre und verursachen einen Urinstau. Der Harnabsatz wird erschwert oder unmöglich. Das zeigen die Tiere deutlich durch ein allgemeines Unwohlsein, Fressunlust und Zähneknirschen. Es wird beobachtet, dass Harn nur tropfenweise, häufig unter Schmerzäußerungen abgesetzt wird. Im weiteren Verlauf bildet sich eine deutliche Schwellung am Unterbauch und das Tier will nicht mehr aufstehen. Eine Behandlung durch den Tierarzt hat in der Regel keinen nennenswerten Erfolg. Macht sich bereits ein unangenehmer Harngeruch bemerkbar, ist nicht nur der hoffnungsvolle Nachwuchs verloren, auch das Fleisch des geschlachteten Tieres ist ungenießbar. Zur Vorbeugung ist neben sinnvoller Fütterung die stets ausreichende Versorgung mit Trinkwasser zu gewährleisten. Das Benutzen der weißen Salzlecksteine (siehe Seite 38) animiert zum Trinken und sorgt so für eine gute Spülung der Harnorgane.

Auch wenige Tage alte Lämmer benutzen schon die Salzlecksteine.

Salz muss das ganze Jahr über angeboten werden, da sich die Tiere auf den begrenzten Weideflächen das Futter nicht selbst aussuchen können. Durch Salz kann die aufgenommene Nahrung besser verwertet werden. Die Tiere entscheiden selbst, wann und wie viel Salz sie aufnehmen. Es ist zu beobachten, dass bereits wenige Tage alte Lämmer die Lecksteine benutzen.

Leistungsfütterung

Bei der Leistungsfütterung der hochtragenden Mutterschafe sollte das Verhältnis der Getreide- oder Fertigfuttermittel zu Heu oder Weide nie mehr als 40 zu 60 Prozent liegen. Das Fassungsvermögen der Tiere durch die wachsende Frucht ist begrenzt. Hier ist besondere Achtsamkeit geboten. Da die Mutterschafe also für große Mengen Heu oder Gras nicht mehr so viel Platz, aber einen deutlich höheren Nährstoffbedarf haben, muss das für eine ausreichende Ernährung notwendige Energie- und Eiweißangebot täglich durch mehrere kleinere Futterrationen gedeckt werden.

Die ausreichende Versorgung mit Mineralstoffen, Vitaminen und Spurenelementen ist am sichersten durch eine sehr gute Qualität des Grundfutters und einer Kraftfutterzugabe mit hoher Nährstoffdichte Gewähr leistet. In der Praxis alles nicht so einfach. Bei einem Mangel an Nährstoffen oder der falschen Zusammensetzung des Angebots, drohen Frühgeburten, zu kleine Lämmer, verminderte Milchleistung, Stoffwechselstörungen, kurz: Die Gesundheit von Mutterschaf und Lämmern ist in Gefahr.

Steht im Sommer ganztägig eine gute Weide zur Verfügung, kommen die Milchschafe nach dem Absetzen der Lämmer bis zum Frühherbst und dem Einsetzen der Deckzeit fast ohne Zusatzfütterung zurecht.

Niedertragende Mutterschafe benötigen am Anfang wenig Zusatzfutter. In den ersten drei Monaten der Trächtigkeit ist nur eine geringe, langsam steigende Kraftfutterration erforderlich, es sei denn, die Schafe müssen bedingt durch schlechtes Wetter oder zu magerem Weideaufwuchs frühzeitig im Stall gehalten werden. Ist gutes Heu vorhanden, reichen einige Hände Rübenschnitzel pro Tag und Tier.

> **Tipp: Qualitätsheu**
> Eine gute Qualität des Winterheus sollte bei Milchschafen immer gewährleistet sein. Schafe fressen gerne kurzes, weiches Heu. Zu spät geerntetes Gras mit hohem Aufwuchs, eventuell nach der Blüte oder gar schon ausgesamt, ist zu hart, wenig nährstoffreich und besonders für Milchschafe ungeeignet.

Hochtragende Schafe müssen in den letzten sechs Wochen, wenn sie gesunde, kräftige Lämmer zur Welt bringen sollen, absolut ausreichend gefüttert werden. In dieser Zeit werden ungefähr 80 Prozent des späteren Geburtsgewichtes erreicht. Milchschafe tragen häufig Drillinge und das bedeutet Hochleistung! Auch gilt es, den Allgemeinzustand der Mutter zu stabilisieren, um eine störungsfreie Geburt zu unterstützen. Jetzt darf der tägliche Löffel Mineralfutter keinesfalls vergessen werden. Der häufig erhöhte Bedarf an Kochsalz kann mit gut erreichbaren, weißen Salzlecksteinen von den Schafen nach Bedarf selbst ausgeglichen werden. Die vorgesehene Kraftfutterration, zum Beispiel aus Getreide, Rübenschnitzeln und Fertigfutter für Schafe (bei hochtragenden Müttern kann das jetzt bis zu einem kg pro Tier sein), wird täglich auf drei Portionen verteilt. So ist es auch leichter, Gruppen oder Einzeltiere, die nicht so viel benötigen, einmal wegzusperren. Die Tiere lernen auch hier sehr schnell und es reihen sich ganz vorne am Tor dann meist die ein, für die die Extraportion gedacht ist.

Lämmer säugende Mutterschafe bringen etwa ab einer Woche nach der Geburt die absolute Höchstleistung. Wird die in diesem Stadium benötigte Energie für die Milchleistung zur Ernährung der Lämmer nicht über das benötigte Futter aufgenommen, kommt es zum Abbau des vorhandenen Körperfettes des Mutterschafs. Leistungsstarke Milchschafmütter geben dann alles und große Gewichtsverluste können die Folge sein. Verantwortungsvollen Schafhaltern, die ihre Tiere regelmäßig betreuen, sollte dies nicht passieren. Es muss nicht nur die Entwicklung der Lämmer, sondern auch der Zustand des Muttertiers beachtet werden.

Küchenreste

Bei der Stallhaltung der Schafe im Winter ist es nicht immer verträglich für die Tiere, die Gemüseabfälle oder Kartoffelschalen der Nachbarschaft zu verfüttern. Das gut gemeinte Sammeln der Küchenreste führt oft dazu, dass häufig angeschimmeltes Brot oder Kartoffeln mit schädlichen Wachstumskeimen mit dabei sind. Zur zusätzlichen Vitaminversorgung der Schafe sollten lieber für ein paar Euro hin und wieder einen Sack Futtermöhrchen aus der Genossenschaft gekauft werden. Eine Hand voll klein geschnittener Möhren wird pro Schaf unter die tägliche Ration gemischt, ansonsten sollten nur die sauberen und frischen Reste aus dem eigenen Haushalt verwendet werden. Die Möhren müssen kühl, aber frostfrei gelagert werden, zu warm gehalten schrumpfen und schimmeln sie sehr schnell. Bekommen die Karotten Frost, werden sie matschig und für unsere Milchschafe unbrauchbar.

Info: Bedarfsberechnung

Wer nun eine exakte Futterberechnung seiner Milchschafe vornehmen will, kann dies über Futterwerttabellen ermitteln. Diese Tabellen werden regelmäßig auf den neuesten Stand gebracht und sind zum Beispiel über die Schafzuchtverbände zu erhalten. Auch Fachzeitschriften für Schaf- und Ziegenhalter veröffentlichen regelmäßig solche Informationen. Hier kann der Bedarf der Schafe an Energie, Rohprotein, Mineralstoffen, Vitaminen, usw., in den jeweiligen Leistungsstadien von den Schafhaltern genau errechnet werden. Dabei ist aber zu berücksichtigen, dass diese Zahlen häufig für kleinere Schafrassen von etwa bis zu 80 kg Lebendgewicht mit maximal zwei Lämmern errechnet werden. Ein großrahmiges, etwa dreijähriges Milchschaf, kann dagegen bis zu 120 kg schwer sein.

So bleibt das Wasser auf der Weide sauber – in einem fest verankerten und in der Höhe verstellbar angebrachten Eimer.

Selbsttränken sind praktisch, ebenso wie die Halterung für den Mineralleckstein.

Trinkwasser

Der Bedarf an Trinkwasser ist bei den Schafen größer als man vielleicht vermuten würde. Ein säugendes Schaf trinkt bis zu zehn Liter täglich. Die benötigte Menge hängt allerdings von dem Feuchtigkeitsgehalt des Futters und der Umgebungstemperatur ab. Deswegen muss täglich, im Sommer mehrmals, sauberes und frisches Wasser zur Verfügung stehen.

Was die Qualität des Trinkwassers anbelangt, sind Milchschafe allerdings sehr wählerisch: Schon bei der kleinsten Verunreinigung wird die Tränke verschmäht. Vermeintlich sauber aufgefüllte Wassereimer, die längere Zeit unberührt bleiben, obwohl die Schafe eigentlich trinken müssten, sind mit Sicherheit verschmutzt. Dies geschieht häufig durch Kot oder auch Urin. Es ist bemerkenswert, wie treffsicher die Tiere da sein können. Aus diesem Grunde stehen in unserem Stall die Wassereimer nicht mehr auf dem Boden, so werden sie auch nicht mehr umgestoßen. Auch abgestandenes Wasser aus verschleimten und schlecht gereinigten Gefäßen wird nicht gerne angenommen. Es empfiehlt sich, die Behälter, besonders an heißen Tagen, hin und wieder vor dem Ausspülen noch einmal mit einer Stielbürste auszuwischen.

Im Fachhandel sind Eimerringe mit einer passenden Halteplatte erhältlich. Diese können an der Stallwand in Kopfhöhe der Tiere befestigt werden. Günstig ist es, gleich zwei Haltevorrichtungen zum Aus- und Einhängen der Eimer in unterschiedlicher Höhe anzubringen. Die Ringe können dann je nach Bedarf, die Einstreu wächst ja im Laufe des Jahres mit, in der Höhe verändert werden. Futterschüsseln, welche am oberen Rand den gleichen Durchmesser der 10-l-Eimer haben, passen ebenfalls gut in diese Ringe.

Die praktische Selbsttränke

Bei Wasseranschluss im oder am Stall ist ein Selbsttränkebecken, möglichst höhenverstellbar, vor allem im Sommer eine gute Lösung und eine Arbeitserleichterung. Solch eine Selbsttränke für Schafe kostet nicht viel und ist leicht zu montieren. Die Schafe und Lämmer lernen sehr schnell damit umzugehen. Wenn das Wasser bei Minustemperaturen im Stall abgestellt werden muss, funktioniert die Selbsttränke natürlich nicht. Heizkabel, die um ungeschützte Leitungen gedreht werden, sind zu teuer und verbrauchen viel Strom – da heißt es wieder Wasser schleppen. Bei Dauerfrost und wenn hochtragende Muttertiere im Stall sind, ist eine Kontrolle mehrmals täglich nötig. Zugefrorenes Wasser kann dann aufgeschlagen und mit heißem Wasser leicht umgerührt, wieder trinkbar gemacht werden.

Frühlingsanfang

Der sonnige, kalte März geht zu Ende und der erneute Dauerfrost hat offenbar aufgegeben. Pünktlich zum Frühlingsanfang zogen die Kraniche durch und auch die ersten Bachstelzen landeten auf der Weide. Die frühe Ankunft der Bachstelzen ist ein gutes Zeichen. Es verspricht in der Regel zumindest vorübergehend mildes Wetter. Heute regnet es seit längerer Zeit zum ersten Mal. Das passt mir ganz gut. Die Lämmer erhalten ihre 4-wöchige Wurmkur und bleiben im Trockenen, dadurch ist der abgegangene Kot leichter zu kontrollieren.

Besuch auf Samtpfoten

Paulchen, ein kleiner, schwarz-weißer Kater, der uns eigentlich nicht gehört, nervt mal wieder. Seine übertriebene Anhänglichkeit

Kater Paulchen weiß genau, wo die kuschligen Plätze mit Aussicht sind.

kann manchmal fast lästig werden. Nachdem er die Flasche mit dem Wurmmittel umgestoßen hat, scheucht ihn mein lautes, ärgerliches Donnerwetter davon.

Paulchen, das ist eine Geschichte für sich. Es war von Anfang an klar, dass wir unter gar keinen Umständen eine zweite Katze haben wollten. Außerdem: Tiere hatten wir eigentlich jetzt genug. Aber es wurde immer schwerer, Paulchen abzuweisen. Er erschien regelmäßig jeden Tag, strich um unsere Beine, sprang sogar auf die Schafe und machte so unmissverständlich klar, dass er ein neues Zuhause brauchte. Irgendwann beobachteten wir dann, dass Paulchen gierig das alte Brot und die gekochten Kartoffelreste, die wir den Hühnern hinstellten, verschlang. Er hatte offenbar wirklich keine feste Bleibe mehr und nur vom Schmusen konnte er ja nicht leben – also wegjagen oder füttern. Wie gehabt wurde sich für Letzteres entschieden. Er schien ja sehr genügsam zu sein. So wurde erst einmal preiswertes Katzenfutter gekauft. Er verschlang alles gierig und wurde noch anhänglicher. So ging das eine Weile und es wurde beschlossen Paulchen regelmäßig zu füttern. Ins Haus sollte er aber auf gar keinen Fall. Inzwischen frisst Paulchen keineswegs nur das billige Katzenfutter, nein er liebt das, was er auch selber kaufen würde und eigentlich ist er überall.

Die Bachstelzen sind geblieben. Unübersehbar, wie sie über die Weiden wippen und Federn und trockene Halme für den Nestbau sammeln. Der lang ersehnte Regen hält einige Tage an. Die ausgetrockneten inzwischen aufgetauten Wiesen und Weiden saugen alles vollständig auf und werden zusehends grüner. Leider steigt aber auch die Luftfeuchtigkeit im Schafstall und es muss wieder häufiger frisches Stroh nachgestreut werden.

Überall riecht es jetzt nach Frühling. Auf dem Wochenmarkt habe ich ganz spontan, vielleicht auch etwas verfrüht, einige Paletten bunter Frühlingsprimeln gekauft. Die ersten Farbtupfer in dem ansonsten noch sehr winterlich aussehenden Garten.

Lämmerdurchfall

Bei einem Kontrollgang zu den Schafen bekommt meine bunte Primelstimmung bereits den ersten Dämpfer: drei der jüngeren Lämmer haben Durchfall. Diese Erkenntnis versetzt mich zwar heute nicht mehr unbedingt in helle Aufregung, aber etwas ratlos bin ich doch und finde auch auf Anhieb keine Erklärung.

Mögliche Ursachen gibt es mehrere und es gilt die richtige schnell herauszufinden. Die parasitologische Untersuchung (Kotproben eingeschickt an das Tiergesundheitsamt) war vor drei Wochen, der Befund negativ: Keine Kokzidien, keine Würmer. Da in dieser Jahreszeit die Lämmer alle vier Wochen entwurmt werden, ist zumindest ein starker Befall mit Innenparasiten auszuschließen. Die Konsistenz und Farbe des Durchfalls sieht auch nicht unbedingt nach Parasiten aus.

Bei den Dreien hier ist der Kot dunkelgrün. Ich vermute, dass es am Futter liegt. Eine Umstellung oder ein vermehrtes Kraftfutterangebot hat es nicht gegeben. Vielleicht haben sie eine andere Sorte Heu erwischt oder auf der Weide etwas gefressen, was Ihnen nicht bekommen ist. Lämmer knabbern ja fast an allem herum was ihnen interessant erscheint. Manchmal ist so ein

> **Info: Gefährliche Kokzidien**
> Starker Kokzidienbefall kann wenigen Wochen alten Lämmern sehr schwächen, wenn er unbehandelt bleibt. Der Kot ist dann beige bis grau und dünnbreiig.

Durchfall auch nur kurzfristig und verschwindet wieder von selbst.

Lämmer waschen

Lämmerdurchfall sollte zwar nicht auf die leichte Schulter genommen werden, aber ich denke, dass ich bis zum nächsten Tag warten kann. Jetzt müssen erst einmal die verschmierten Hinterteile abgewaschen werden. Zum einen weil es ziemlich erbärmlich aussieht, zum anderen lässt sich leichter erkennen, ob die Verdauung auch weiterhin gestört bleibt.

Es ist vorteilhaft bei dieser Prozedur mit dem „Rücken zur Wand" zu stehen, um sich selbst besseren Halt zu verschaffen. Das Lamm wird, Schwanz nach vorne, gleich hinter den Vorderläufen zwischen die Beine geklemmt. Eine Hand greift unter den verlängerten Bauch und hält das Hinterteil über den Eimer. Die Größeren werden mit beiden Füßen ins Wasser gestellt. Das warme Wasser ist den Tieren angenehm und das anfängliche Strampeln lässt bald nach. Die freie Hand weicht mit viel Wasser und einem Tuch erst einmal alles gründlich ein. Dabei reichlich Wasser verbrauchen und immer wieder nass machen – nicht reiben oder rubbeln. Besonders an der Schwanzwurzel ist die zarte Haut der Lämmer sehr empfindlich.

Vor Überraschungen ist man nie sicher, deshalb immer wachsam sein. Der Druck mit den Knien darf nicht nachlassen. Es muss klar zum Ausdruck gebracht werden wer hier der Stärkere ist, ohne natürlich gleich das Kerlchen zu zerdrücken. Der immer hin und her wedelnde Schwanz bleibt bis zum Schluss trocken und wird erst dann ins Wasser getaucht, so erspart man sich die eigene Gesichtswäsche. Wird die Brühe zu dunkel, kommt ein zweiter, bereits vorbereiteter Eimer zum Einsatz. Ohne Hel-

> **Tipp: Reinigungsmittel**
> Zur Reinigung der Lämmer werden ein Eimer körperwarmes Wasser, ein mildes Essigspülmittel oder besser noch eine Desinfektionslösung, ein weicher Lappen (geeignet sind ausrangierte, geviertelte Frottiertücher) und konsequentes, nicht nachlassendes Zupacken benötigt.

fer sollten auf jeden Fall genügend warmes Wasser und Tücher in Reichweite gehalten werden. Heute habe ich wieder vergessen, rechtzeitig die übrigen Lämmer wegzusperren – prompt sind zwei Eimer umgestoßen, bevor ich mit der Arbeit überhaupt begonnen habe. Aber letztendlich sind alle drei sauber, trocken getupft und sehen aus wie neu.

Maßnahmen gegen Durchfall

Am nächsten Morgen das gleiche Bild. Der Durchfall hält an und die ganze Arbeit war umsonst. Die Lämmer selbst sind munter wie die anderen. Sie machen so gar nicht den Eindruck, als ginge es ihnen schlecht. An der Muttermilch kann es nicht liegen, denn die Geschwister der drei scheinen keine Probleme zu haben. Jetzt muss ich etwas verändern. Die Sorgenkinder, ihre Geschwister und die Mütter, werden von der Herde getrennt, bleiben im Stall und haben keinen Zugang zur Weide. Das Kraftfutter wird stark reduziert und nur reichlich Heu und frisches Wasser angeboten. Zusätzlich erhalten die drei Mal täglich eine Kalziumtablette und ein Spezialpulver auf pflanzlicher Basis zur Symbioselenkung des Magen-Darmtraktes. Beim Abtasten der vollen und auch leer getrunkenen Euter ist keine Veränderung festzustellen, die auf eine beginnende Entzündung hinweisen könnte.

Am nächsten Morgen ist eines der Lämmer sauber und nur noch zwei sind verkotet. Ich scheine auf dem richtigen Weg zu sein. Alles bleibt wie es ist und am Abend gebe ich wieder eine Kalziumtablette und Pulver. Zu früh gefreut, nach zwei Tagen ist das erste Lamm wieder verschmiert und dafür bleibt ein anderes sauber. Also erst einmal wieder abwaschen. Die Mütter mosern. Von dem bisschen Kraftfutter werden sie nicht satt. Bei der allseits bewährten Fressgier bekommen die Lämmer ohnehin nichts ab. Also gibt es Nachschlag.

> **Info: Muntere Lämmer**
> Lämmer die sich an den spontanen Wettläufen nicht beteiligen, weit zurückbleiben oder sich von der tobenden Schar isolieren, sind schwach oder krank. Lebensfreude bei Lämmern ist ein Zeichen von Vitalität und kommt durch reichlich Bewegung und aufmerksam glänzenden Augen zum Ausdruck.

Nach insgesamt vier Tagen endlich scheint der Durchfall vorbei zu sein. Nur blitzsaubere Hinterteile und kleine, dunkel glänzende Kaffeebohnen im Stroh. Noch zwei Tage Quarantäne und morgens, nachdem ich Kotproben eingesammelt habe, geht es wieder auf die langersehnte Weide. Sofort werden die offenbar Vermissten neugierig begrüßt, und eine wilde Jagd der Lämmer geht los. Ich glaube, die haben in diesem Alter so viel überschüssige Energie und Lebensfreude, dass sie einfach rennen müssen. Und das ist auch gut so.

Heute ist es schwül und feucht. Die Aktivitäten der letzten Tage sind schlagartig vorbei. Es ist so ein Tag, an dem nichts gelingen will. Arbeit ist überall zu finden. Auch der Haushalt bräuchte wieder einmal etwas erhöhte Aufmerksamkeit. Obwohl die Schafe zurzeit relativ „pflegeleicht" sind, geht nichts so richtig von der Hand. Zu allem Übel habe ich wieder haufenweise Wühlmaushügel auf der Weide gesichtet. Die Verursacher arbeiten sich so im Laufe des Tages, den Gartenzaun ignorierend, bis in das erste Staudenbeet vor.

Gartenpflege

Es war schon immer schwer, diesem Garten, umgeben von Wildnis, meine Wünsche aufzuzwingen. Aber seit die Wühlmäuse eingedrungen sind, ist es mit den so genannten Kulturpflanzen weitgehend vorbei. Ich habe den Eindruck, dass dieser Garten zurzeit mit mir macht, was er will. Von den vor Jahren liebevoll gepflanzten Tulpen ist eine einzige übrig geblieben. Leuchtend, prächtig, dunkelrot – wie zum Hohn. Alle Pflanzen, die nur irgendwie weiche, verdickte Wurzeln, Knollen oder Zwiebeln haben, werden an- oder aufgefressen. Inzwischen besitzen wir vier verschiedene Wühlmausfallen – alle todsicher! Gefangen haben wir damit eine ein-

...satt, müde und zufrieden...

Spielen, Fressen, Schlafen – Lämmer haben ihren eigenen Rhythmus.

zige Wühlmaus und aus Versehen auch einen Maulwurf.

Fleißige Maulwürfe

Das Ende des Maulwurfes hat uns, eigentlich ungerecht aber in der Tat, eher betroffen gemacht. Diese kleinen Fleischfresser im grauen Samtpelz vertilgen nicht nur die verschiedenen Entwicklungsstadien von vermeintlich Pflanzen schädigenden Insekten, sondern auch gelegentlich den Nachwuchs einer Wühlmaus. Außerdem stehen sie unter Naturschutz. Nach diesem bedauerlichen Unfall wurden die tödlichen Fallen fürs Erste beiseite gestellt. Die vielerorts so gelobten Lebendfallen wurden sofort angenommen. Die darin fachmännisch und genau nach Vorschrift ausgelegten Köder wie Möhren oder Kartoffelstückchen, sind ausgesprochene Leckerbissen. Sie wurden von den Wühlmäusen so vorsichtig vertilgt, dass die Fallen unversehrt blieben. Gute Ratschläge in Beipackzetteln oder Gartenzeitschriften hatten wir genug gelesen. Die Wühlmäuse offenbar auch, denn sie können gut damit leben.

Die inzwischen überall im Garten gepflanzten, übel riechenden, in der Anschaffung nicht gerade billigen und wunderschön blühenden Kaiserkronen, werden zwar nicht gefressen, aber diskret umgraben. Kriegen wir das Wühlmausproblem nicht bald in den Griff, ist zumindest der Gemüsegarten auf Dauer zu vergessen. Aber eine kleine Hoffnung gibt es noch: Paulchen. Sollte er, der hin und wieder mit einer Feld- oder Hausmaus im Maul angetroffen wird, auch keine Abhilfe schaffen, lassen wir erst einmal das wachsen, was von der Natur angeboten wird.

Erde für den Garten

Auf der Weide sind wieder einige neue Maulwurfhügel. Eine hervorragende Garten- und Blumenerde. Mit Schubkarre und Schaufel bewaffnet bringe ich sie in Sicherheit, bevor die Schafe alles zertrampeln. Im Gegensatz zu den unbeliebten Wühlmausbergen sind sie nicht von Gras und Wurzeln durchsetzt und die möglichen Schädlinge für das Gemüse haben die Verursacher bereits selbst vertilgt. Beim Einsammeln der duftenden, dunklen Erde fällt mir auf, dass von den Vögeln seit Tagen wenig zu hören und zu sehen ist. Sie brüten. Bald werden die ersten Jungen schlüpfen und dann gibt es für die Eltern große Mengen Lebendfutter heranzuschaffen. In unserem naturbelassenen Insektengarten werden sie reichlich davon finden. Irgendwann kommen dann auch die Bachstelzen wieder mit ihren flügge gewordenen Jungen in die Nähe des Schafstalles und auf die Weiden und bringen ihren Kindern das Fliegen- und Mückenfangen bei.

Schafe bringen Natur

Seit wir Schafe haben, siedeln sich immer wieder neue Vogelarten an. In diesem Jahr sind es Schafstelzen und Heckenbraunellen.

Das Nest ist schon fast zu klein geworden, bald werden diese beiden auch Fliegen und Mücken fangen.

Die Zaunkönige sind schon vor langer Zeit im Stall eingezogen und bleiben uns das ganze Jahr über treu. Nur die Schwalben wollen nicht so recht. In unserem Dorf sind sie noch zahlreich und kommen in jedem Jahr fast auf die Woche genau Ende April, Anfang Mai, aus dem Süden zurück, um ihre Jungen aufzuziehen. Die von uns vorgefertigten Nester unter dem Stalldach werden aber nicht angenommen. Vielleicht im nächsten Jahr. Schwalben im Stall bringen Glück, sagen die Landwirte. Das kann man auch in der Schafhaltung gut gebrauchen.

Allmählich geht dieser unproduktive Tag zu Ende. Außer der allernötigsten Tagesarbeit und dem Einebnen der Maulwurfshügel auf der Weide rund um den Stall ist nicht viel erledigt worden. Der Gestank der Kaiserkronen verfolgt mich bis ins Haus. Auch die nächsten Tage sind nicht viel besser. Das Wetter spielt verrückt: Regen, Schnee und Graupelschauer, dazwischen etwas Sonne und morgen ist der erste April.

April

Ein König ist nicht nötig,
aber eine Herde muss man haben.
(Alte Redensart)

Der Monat April wird der Hirtenmonat genannt, da früher in ihm die Schafe geschoren wurden.

Typisches Aprilwetter. Mal ist es tagelang frühlingshaft und trocken, dann plötzlich wieder nasskalt und ungemütlich. In diesem Jahr hat das Winterheu wieder nicht ausgereicht. Bei schlechtem Wetter ramponieren die Schafe die Grasnarbe noch sehr und das Angebot des Weideaufwuchses reicht nicht aus, um den nötigen Bedarf an täglichem Raufutter zu decken. Eigentlich stampfen sie mehr in die Erde als sie fressen.

Im Oktober sind für zehn Schafe 180 Ballen Heu und 100 Ballen Stroh eingelagert worden. Das war das Äußerste, was trocken untergebracht werden konnte. Alles ist fast verfüttert. Nur einige Ballen Haferstroh, das von den Tieren auch gerne gefressen wird, sind der eiserne Rest. Wie lange noch Heu zugefüttert werden muss, hängt jetzt ausschließlich vom Wetter ab. Da werden wir vielleicht noch einmal mit dem Hänger losfahren und etwa 30 Ballen nachkaufen müssen.

Parasitenbekämpfung

Die jetzt einsetzende feuchtwarme Jahreszeit fördert die Vermehrung von Innenparasiten. Starker Befall kann besonders bei den heranwachsenden Lämmern zu erheblichen Gesundheitsproblemen führen. Auch bei guter und ausreichender Fütterung dürfen Kontrolle und Bekämpfung der Plagegeister nicht vernachlässigt werden. Nur eine genaue Kenntnis über den Befallsgrad und die Art der Parasiten gewährleisten eine erfolgreiche Bekämpfung. Dazu ist eine fachkundige Untersuchung einer Sammelkotprobe der kompletten Herde erforderlich. Der beste Zeitpunkt zur Einsendung an ein Untersuchungsinstitut ist der Wochenanfang. Dann liegt das schriftliche Ergebnis in der Regel schon am Wochenende vor. Auskunft über Adressen der Institute geben der Tierarzt oder die Landesschafzuchtverbände.

Untersuchung der Kotproben

Im Sommer ist das Versenden per Post etwas problematisch. Bei hohen Temperaturen verdirbt das Material und lässt keine exakten Ergebnisse zu. Also muss man die Probe auf jeden Fall auf dem schnellsten Wege zur Untersuchung schaffen, am besten gleich selbst vorbeibringen. Frischer Kot wird entweder sauber eingesammelt oder besser noch, nach Überziehen eines Einweghandschuhes, direkt aus dem Enddarm der Schafe entnommen.

Zur sauberen und feuchtigkeitsdichten Verpackung eignet sich Alufolie aus dem Haushalt. Teelöffelgroße Portionen von möglichst mehreren Tieren, getrennt gesammelt nach Mutterschafen, Deckbock und Lämmern, werden sorgfältig sauber eingewickelt, leicht flach gedrückt und genau beschriftet. Das Datum der Entnahme und die Anschrift des Einsenders sollten zusätzlich auf jedem Päckchen angegeben sein, damit im Labor nichts verwechselt werden kann. Diese Päckchen werden dann noch einmal zusätzlich zusammen mit Papier umwickelt, in einem gepolsterten Briefumschlag vormittags auf den Postweg gebracht.

Richtige Dosierung

Liegt das Ergebnis der Kontrolluntersuchung vor, kann gezielt behandelt werden. Das heißt, dass die Wurmmittel entsprechend der Parasitenart und nach Anweisung des Herstellers zu verabreichen sind. Die ausgerechnete Dosis des Medikamentes pro Tier ist unbedingt dem Schaf einzeln zu geben. Es muss sicher sein, dass die vorgesehene Menge vollständig abgeschluckt und nicht etwa seitlich aus dem Maul geschoben wird. Eine Verabreichung über die Tränke oder das Futter ist daher nicht ratsam. Wie viel jedes einzelne Schaf benötigt, wird über das Lebendgewicht ermittelt.

Auf gar keinen Fall darf die angegebene Dosis des Wurmmittels unterschritten werden, denn dann bleibt die Behandlung wirkungslos. Nur ein „bisschen" zu entwurmen ist fast schlimmer, als es einmal zu vergessen. Die Parasiten lernen damit umzugehen, da sie durch die zu geringe Menge ja nicht abgetötet, sondern nur „geärgert" werden. Auch die Anwendung des gleichen Wirkstoffs über einen längeren Zeitraum kann zur Entstehung resistenter Parasiten beitragen. Es ist ratsam, sich immer wieder neu zu informieren, was auf dem Markt angeboten wird. Die zuständigen Schafzuchtverbände oder das Tiergesundheitsamt sind dabei gerne behilflich.

> **Tipp: Gewichtsbestimmung**
> Schätzungen des Körpergewichts der Schafe sind häufig sehr ungenau, gerade unerfahrene Halter tun sich dabei oft schwer. Wie die Erfahrungen gezeigt haben, ist die Möglichkeit sich zu irren, sehr groß. Nun braucht nicht unbedingt jedes Lamm oder Schaf einzeln gewogen zu werden. Dieser Aufwand wäre auch in einem kleinen Bestand zu groß. Es genügt, verschiedene Lämmer unterschiedlicher Größe auf dem Arm zu halten und so mittels einer Personenwaage das Gewicht auszurechnen. Ist für die größeren Schafe keine Waage vorhanden, kann man, zum Beispiel bei Schafauktionen, das dort in der Regel angegebene Gewicht der Muttertiere oder Böcke seiner Rasse mit den eigenen Tieren vergleichen und so mit der Zeit lernen, das Gewicht zu Hause möglichst genau zu ermitteln.

Medikamente eingeben

Die meist flüssige Substanz der Wurmmittel lässt sich relativ leicht mit einer Einwegspritze jedem einzelnen Tier ins Maul schieben. Diese Plastikspritzen kosten nicht viel und sind mehrmals verwendbar. Sie lassen sich leicht reinigen und können auch kurz ausgekocht werden. Der Kopf des Schafes

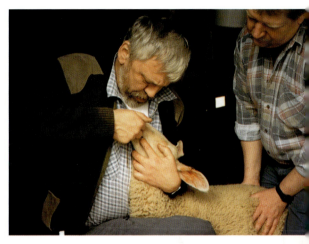

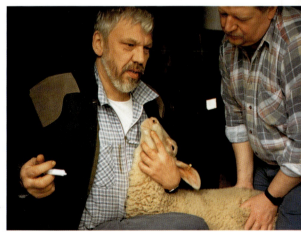

Wird das Schaf bei der Eingabe des Wurmmittels auf diese Weise festgehalten, kann man sehen, wie das Medikament abgeschluckt wird.

wird leicht angehoben und das Tier vorher so fixiert, dass dem Drang, nach hinten auszuweichen so weit nachgegeben werden kann, bis eine stabile Ecke des Stalles oder der Einzäunung ein weiteres Flüchten verhindert. Schafe gehen in der Regel nicht gerne rückwärts. Es sei denn, sie sollen etwas schlucken, was sie nicht mögen.

Mit etwas Körpereinsatz des Schafhalters und immer noch angehobenem Kopf des Tieres wird die gefüllte Spritze seitlich ins Maul geschoben und über dem Zungengrund entleert. Danach sollten mit der freien Hand Maul und Nasenlöcher sofort so lange zugehalten werden, bis sichtbar abgeschluckt ist. Kräfte sparender geht es natürlich mit einem Helfer. Bei den Lämmern, die sich ja für alles interessieren, was man in der Hand hält, funktioniert das häufig schon im Vorbeigehen. Wenn nicht, kann man die Tiere einzeln zwischen die Beine klemmen und dadurch gut fest halten.

Zeitplan

Für die gesamte Herde sollte ein Zeitplan zur Bekämpfung der Innenparasiten nach der Ablammung des letzten Mutterschafes bis zur Deckzeit, also vom Frühjahr bis zum Spätsommer, ein Zeitplan erstellt werden. Parasiteninfektionen während dieser Zeit betreffen nicht nur das einzelne Schaf oder Lamm, sondern alle Tiere der Herde. Zum Schutz der wachsenden Frucht muss die Entwurmung bei den hochtragenden Tieren aber warten. Wurde das Mutterschaf nicht noch kurz vor der Deckzeit entwurmt, muss eine Innenparasitenbehandlung auf jeden Fall mindestens sechs Wochen vor der Lammung abgeschlossen sein. Eine Zusatzfütterung zum Beispiel mit Möhren, Zwiebeln, Knoblauch oder auch verschiedenen Kräutern (siehe Seite 90) hilft, den Verdauungstrakt zu säubern.

Lämmer werden ab der ersten Lebenswoche grundsätzlich alle vier Wochen entwurmt. Haben sie erst Durchfall, zeigen sich gar schon blasse Mundschleimhäute, Veränderungen der Wolle, Gewichtseinbußen oder ganz einfach nur weniger Lebensfreude, sind die Schäden schon beträchtlich. Prachtkerle werden das dann in der Regel nicht mehr. Im Übrigen sind die Kosten der eingesetzten Wurmmittel und der Zeitaufwand der Eingabe weit geringer, als die Kosten der zusätzlich benötigten Kraftfuttermengen und die Zeit, die man mit einem kranken Lamm verbringt.

Innenparasiten

Wir unterscheiden mehrere Hauptgruppen der Innenparasiten, die unsere Schafe gesundheitlich belasten können, zum Beispiel Magen-Darm-, Band- und Lungenwürmer, Leberegel und die nicht mit Wurmmitteln zu behandelnden Kokzidien. Im Laufe ihrer verschiedenen Entwicklungsstadien verlassen alle diese Parasiten irgendwann das Schaf und werden, nach einer Weiterentwicklung in der Außenwelt, häufig mittels eines Zwischenwirtes wie Schnecke oder Moosmilbe, ansteckungsfähig über das Futter wieder aufgenommen. Dann beginnt der Zyklus von Neuem. Bei den **Magen-Darmwürmern** gelangen die Wurmeier – bis zu 10 000 pro Tag pro geschlechtsreifem

---

Tipp: Entwurmung
Um die Übersicht zu behalten, welches Schaf bereits eine Dosis Entwurmungsmittel erhalten hat, werden die versorgten Tiere sofort weggesperrt oder mit einem Farbstift auf dem Kopf gekennzeichnet. Bleiben die Schafe mehrere Stunden vor und nach der Behandlung ohne Futter, ist die Wirkung des Medikamentes noch effektiver.

> **Tipp: Weideumtrieb**
> Sind die Weiden parzelliert und können die einzelnen Teilstücke längere Zeit unbeweidet bleiben, bringt schon ein Umtrieb nach jeweils drei bis vier Wochen eine weidehygienische Entlastung. Auch lange, frostige Winter und heiße, trockene Sommer reduzieren den Parasitendruck. Das Wetter können wir nicht beeinflussen, aber häufiger Weideumtrieb sollte schon sein, wenn möglich etwa zwei Tage nach jeder Wurmkur: Wurmfreie Schafe auf frischen Weiden.

Weibchen – über den Kot auf die Weide und durchlaufen mehrere Larvenstadien. Bei günstigen äußeren Bedingungen werden die weiterentwickelten Larven bereits nach etwa 10 Tagen vom Schaf mit dem Gras wieder aufgenommen. Im Tierkörper entwickeln sie sich dann wiederum in nur zwei Wochen zum geschlechtsreifen Weibchen.

Wesentlich länger dauert die Entwicklung der im Darm parasitierenden **Bandwürmer**. Ihre Larvenstadien benutzen als Zwischenwirt die Moosmilbe. Es kann je nach Lage der Weiden auch Monate dauern, bis es zum geschlechtsreifem Wurm kommt. Während der Wintermonate ruht die Larvenentwicklung in der Moosmilbe. Wenn dann die Lämmer im Frühjahr auf die Weide kommen, nehmen sie die infektiösen Larven auf. Durch ihre noch ungenügende eigene Abwehrkraft tritt eine rasante Vermehrung der Parasiten ein. Daher müssen besonders die Lämmer von etwa März bis Ende August auf jeden Fall alle vier Wochen auch gegen Bandwürmer behandelt werden.

Um den Entwurmungserfolg zu kontrollieren, ist es ratsam, etwa ein bis zwei Wochen nach der Behandlung Kotproben der gesamten Herde untersuchen zu lassen. Bandwürmer schädigen durch ihr Parasitieren nicht nur die Darmschleimhaut. Auch das Ausscheiden ihrer giftigen Stoffwechselprodukte bedeutet eine hohe Belastung für so einen kleinen, im Wachstum begriffenen Körper, besonders, wenn noch ein Befall mit Blut saugenden Magen-Darmwürmern oder anderen Parasiten hinzu kommt.

Ausgewachsene und ältere Schafe sind nicht mehr so stark gefährdet. Sie bauen mit der Zeit, wenn sie ausreichend gefüttert werden und gute Haltungsbedingungen vorfinden, eine relativ starke Immunität auf. Aber sie scheiden infektiöse Bandwurmeier aus, mit denen sie den für die Lämmer so gefährlichen Zyklus in Gang bringen. Werden die Altschafe, besonders in der kritischen Jahreszeit regelmäßig gegen Bandwürmer behandelt, wirkt sich das daher auch günstig auf die Parasitenbekämpfung der Lämmer aus. Die nach einer erfolgreichen Wurmkur abgetöteten, ausgewachsenen Bandwürmer finden sich im Kot knäuelartig mit einem deutlich erkennbaren Kopf wieder. Einzelne Glieder sehen aus wie große, gekochte Reiskörner. Dieses hochinfektiöse Material sollte sorgfältig aufgenommen und aus dem Stall oder wenn möglich, auch von der Weide entsorgt werden.

Abgegangene Bandwurmglieder sind im Schafkot gut sichtbar.

Anhaltender Husten, Nasenausfluss und bei starkem Befall fortdauernde Abmagerung besonders auch der Lämmer, könnte von **Lungenwürmern** verursacht sein. Die Larven werden mit dem Gras aufgenommen und die sich im Schaf entwickelnden Würmer schädigen Luftröhre, Bronchien und das Lungengewebe. Durch bakterielle Sekundärinfektion kann es bis zur lebensbedrohlichen Lungenentzündung kommen.

Leberegel vernichten das Lebergewebe. Auch hier ist, bis zur Entwicklung des geschlechtsreifen Parasiten, ein ganz bestimmter Zyklus nötig. Die Eier werden mit dem Kot der Schafe ausgeschieden. Als Zwischenwirt dient hier unter anderem auch die Zwergschlammschnecke. Die verkapselte Larve gelangt dann über die Pflanzen auf der Weide wieder in den Tierkörper. Die aus Larven geschlüpften Leberegel wandern durch die Darmwand und siedeln sich in den Gallengängen an.

Feuchte und sumpfige Stellen auf der Weidefläche bedeuten hervorragende Lebensbedingungen der Zwischenwirte und sollten daher möglichst durch Zäune ausgegrenzt werden. Auch das Ausbringen von Kalk im Spätherbst bis zum zeitigen Frühjahr auf die gesamte ruhende Weidefläche trägt dazu bei, den allgemeinen Parasitendruck zu verringern. Mit speziellen Leberpräparaten hat eine Behandlung Aussicht auf Erfolg. Nach der Bekämpfung und Bestätigung durch das Ergebnis eingeschickter Kotproben, können noch zusätzlich Leber stärkende Medikamente auch aus der Naturheilkunde, eingesetzt werden.

Eine weitere nicht zu unterschätzende Gefahr für die Lämmer ist der Befall durch **Kokzidien**. Die eigene Mutter und alle anderen Schafe der Herde können eine dauernde Infektionsquelle für die Lämmer bedeuten. Erwachsene Tiere erkranken bei guten Haltungsbedingungen in der Regel selten. Aber sie können Dauerträger sein. Die durch den Geburtsstress und der hormonellen Umstellung der Mutterschafe sprunghafte Aktivierung der Ruhestadien verschiedener Wurmarten belastet die Mutter und Säugelämmer in dieser Zeit noch zusätzlich. Ist der Befund nach der parasitologischen Untersuchung zahlreich oder gar massenhaft, ist ein sofortiger Einsatz bei den betroffenen Lämmern mit Sulfonamiden oder einem speziellen Kokzidiosestatika unbedingt notwendig.

Wurmmittel sind hier selbst in einer höheren Dosierung absolut unwirksam. Die Kur dauert in der Regel mehrere Tage und es empfiehlt sich, die Angaben des Medikamentenherstellers exakt zu beachten. Mehrere Monate alte Lämmer, die kräftig und gut genährt sind und nur einen gering gradigen Befall aufweisen, haben unter Umständen schon eine gewisse Resistenz gegen diese Erreger aufgebaut. Sie kommen durch die eingesetzte körpereigene Selbsthilfe, ähnlich wie die Altschafe, bereits ganz gut damit zurecht. Ist bei der nächsten Kotuntersuchung keine Verschlimmerung eingetreten und bleibt das Ergebnis „geringgradig", kann eine medikamentöse Behandlung bei diesen Tieren erst einmal unterbleiben.

Das Krankheitsbild stark mit Kokzidien infizierter Lämmer ist ähnlich wie bei hochgradig verwurmten Tieren: Fressunlust, wässriger, manchmal auch schon blutiger Durchfall der übel riecht, eingefallene leblose, trübe Augen, Abmagerung und wenig Lebensfreude. Das Ziel, dauerhaft gesunde Schafe zu bekommen, lässt sich nur erreichen, wenn ein Gleichgewicht zwischen der Abwehrkraft der Tiere und ihrer Belastung mit Kokzidien erlangt wird. Todesfälle bei Schafen, die durch Parasiten verursacht wurden, sind in den meisten Fällen die Ursache von unkonsequenten oder fehlerhaftem Einsatz der Parasitenmittel.

Feuchtgebiete werden von der Schafweide ausgegrenzt.

Außenparasiten

Außenparasiten schmarotzen meist sichtbar an verschiedenen Körperteilen unserer Schafe. Außerdem können auch sie Überträger von Krankheitserregern sein. Sogar der Mensch, welcher häufigen Kontakt mit Schafen hat, kann als solcher fungieren. Für jeden Schafhalter ist es ratsam, gute Fachliteratur zu lesen und sich Kenntnisse über die möglichen Krankheiten seiner Tiere anzueignen.

Wer seine Schafe gut beobachtet, sieht Veränderungen rechtzeitig, erkennt typische Symptome und weiß, wann eine Zusammenarbeit mit dem Tierarzt notwendig ist. In unserer kleinen Herde haben wir mit Außenparasiten wenig Erfahrung. Es gibt kaum welche. So genannte Schafläuse hatten wir uns wohl von einer Tierschau oder Auktion mitgebracht. Die Schafe und Lämmer zeigten sich oft auffällig durch allgemeine Unruhe und besonders im Liegen war ein häufiges Schütteln oder Scheuern zu beobachten. Diese etwa linsengroßen, dunklen Blutsauger halten sich vorwiegend an den unbewollten Körperteilen auf und bewegen sich recht flink. Sie wurden fleißig abgesammelt und irgendwann waren sie dann verschwunden.

Einige Fliegenarten legen ihre Eier in frische Wunden oder auf schmutzige, verkotete und langwollige Körperpartien. Vorwiegend um die Schwanzwurzel und die Afterregion. Nach nur einigen Stunden bohren sich die aus den Eiern geschlüpften **Maden** weiter ins Gewebe ein. Häufig verursachen sie übel riechende Wundflächen. Wird starker, anhaltender Befall nicht rechtzeitig entdeckt, kann ein Tier regelrecht von innen aufgefressen werden.

Eine etwas unappetitlicher Begegnung gab es mit einem Fliegengelege. Nach der Schur ist die Gelegenheit besonders günstig, noch einmal alle Tiere sorgfältig auf Außenparasiten zu untersuchen. Dabei fiel beim Abtasten des verlängerten Rückens eine beulenförmige Erhöhung der frisch geschorenen Haut auf, ohne dass eine äußere Verletzung zu erkennen war. Schon nach leichtem Druck platzte sie auf, und heraus quoll eine Menge ziemlich weit entwickelter Maden. Nach der ersten Überwindung und Entfernung des wimmelnden Haufens, wurde durch kräftiges Ausstreichen mit beiden Händen solange gearbeitet, bis sie etwas erweiterte Wunde leicht blutete und mit Sicherheit kein weiteres Getier dieser Art unter der Haut zurück blieb. Die großzügig bemessene Zugabe einer jodhaltigen Tinktur beendete die Operation. Das Schaf blieb bei dieser Prozedur völlig ruhig stehen. Ihm war wohl klar, dass die drückenden und quetschenden Hände für Erleichterung sorgten. Nach wenigen Tagen war die regelmäßig kontrollierte Wunde bereits verheilt.

Wenn sich die Schafe bei jeder Gelegenheit intensiv an Wänden oder Pfosten scheuern, wenn sie dauernd versuchen sich zu kratzten, sogar schon starker Wollausfall zu bemerken ist, dann sind sie möglicherweise auch von **Räudemilben** befallen. Verschiedene Formen von Kopf-, Körper- oder Fußräude werden durch unterschiedliche Erreger verursacht. Einige graben sich in die Haut ein und es entstehen Veränderungen wie Bläschen, Krusten oder auffällige Verdickungen. Durch Verschmutzungen der verletzten Haut können weitere Entzündungen dazu kommen.

Vor einer gezielten Behandlung sollte der Tierarzt durch die Untersuchung eines Hautgeschabsels den genauen Milbentyp bestimmen, damit das Tier mit dem richtigen Mittel zur Behandlung gebadet werden kann. Am wirkungsvollsten ist ein Vollbad, bei dem das Schaf komplett untergetaucht werden kann. Ist keine Vorrichtung für ein Ganzkörperbad vorhanden, dann ist für das Aufbringen der Lösung etwas mehr Aufwand nötig. Bei Güssen mittels Gießkanne oder Spritzdüse muss sehr sorgfältig darauf geachtet werden, dass genügend Wirkstoff an alle befallenen Körperteile gelangt. Am intensivsten und sichersten ist eine Behandlung zwei, drei Wochen nach der Schur. Das kurze Vlies nimmt die Flüssigkeit gut auf, es gelangt möglichst viel auf die Haut und es geht nicht so viel durch seitliches Ablaufen verloren. Um die häufig tief in der Haut sitzenden Parasiten zu erreichen, kann die stark konzentriert angesetzte Badeflüssigkeit noch zusätzlich durch einen getränkten Lappen oder Schwamm eingerieben werden. Um den Entwicklungszyklus der Milben zu unterbrechen, muss die Prozedur auf jeden Fall nach ungefähr zehn Tagen wiederholt werden.

> **Tipp: Beratung über Außenparasiten**
> Nähere Informationen zur Behandlung der verschiedenen Räudeformen und auch anderer Außenparasiten sowie zum Einsatz der geeigneten und notwendigen Medikamente geben auch hier gerne der Tierarzt, die Schafgesundheitsdienste und die Tierärztlichen Untersuchungsämter.

Gesundheits-Check

Angenehmer als sich mit Parasiten zu beschäftigen ist es, einen Sonntag zu vertrödeln, im Freien zu sitzen und „Schafe zu gucken"! Eine meiner Lieblingsbeschäftigungen. Wiederkäuende, liegende Schafe im winterlichen Strohstall verbreiten Ruhe und

Gemütlichkeit. Friedlich grasende Mütter und umhertollende Lämmer auf einer saftigen, grünen Aprilweide lassen nicht nur bei den Schafen Lebensfreude aufkommen. Man wünscht sich, dass alles so reibungslos weiter geht und alle gesund bleiben.

Augenentzündung

Und dann fällt mir wieder der seufzende Satz einer Milchschafzüchterin ein: „**Irgend etwas ist immer mit den Tieren**"! Vor ein paar Tagen bemerkte ich bei einem der älteren Mutterlämmer eine Veränderung an den Augen. Die Lidbindehäute waren stark gerötet. Auf dem Augapfel zeigten sich punktartige, rote Flecken. Das rechte, untere Lid war von einem kleinen Eiterherd bedeckt. Offenbar eine Entzündung. Ansonsten war sie munter wie alle anderen. Ich war mir nicht ganz sicher, ob es schon etwas ernsteres war und so beschloss ich, erst einmal ein altes, bewährtes homöopathische Naturheilmittel, die Euphrasia-Tropfen aus der Apotheke, einzusetzen. Euphrasia, zu Deutsch Augentrost, ist wie der Name schon sagt, ein Allheilmittel rund ums Auge bei Mensch und Tier.

Etwa zehn Tropfen Euphrasia D6 werden in einen Eierbecher mit lauwarmen, vorher abgekochtem Wasser abgezählt. Dann werden auf beiden Augen mehrmals täglich triefende Wattebäusche intensiv und großzügig ausgedrückt. Nach jeder Behandlung sollte man unbedingt die Flüssigkeit und auch die Wattebäusche erneuern. Aber in der Regel ist der Eierbecher ohnehin jedes Mal leer. Augen sind sehr empfindlich, und wenn schon eine Entzündung da ist, muss sie nicht noch zusätzlich durch eine Sekundärinfektion vergrößert werden, nur weil unsauber gearbeitet worden ist. Schon am nächsten Tag ist eine Besserung sichtbar. Der Eiter ist bereits verschwunden. Zur Sicherheit wird die Behandlung noch fünf Tage fortgesetzt, dann sind die Augen wieder wie neu. Es war wohl keine problematische Infektion. Der Tierarzt braucht nicht bemüht zu werden.

Die Lämmer bemerken, dass ich schon eine Weile auf meinem Strohballen an der Stallwand sitze und kommen allmählich näher. Alles, was sich an meiner Kleidung bewegen lässt, ist interessant und wird eingehend beknabbert. Reißverschlüsse, Knöpfe, Bänder und am liebsten auch meine Haare. Ich habe nicht genug Hände, um die Bande abzuwehren. Auch das augenerkrankte Lamm ist mehr als zutraulich und steht irgendwann auf meinem Schoß. Die doch etwas unangenehme Prozedur der Augenwäsche hat es mir wohl nicht sonderlich übel genommen.

Euterkontrolle

„Schafe gucken" heißt aber nicht nur Müßiggang, sondern auch ein bisschen beobachten und kontrollieren. Bei einem der Mutterschafe fällt mir eine doch bedenkliche Schlagseite des vollen Euters auf. Sie säugt nur ein Bocklamm, welches offensichtlich zurzeit nicht an beiden Strichen trinkt. Ein Versuch, es abzutasten bringt nichts. Ich muss warten bis zum Abend. Wenn alle Tiere vor der Heuraufe stehen und um das abendliche Kraftfutter kämpfen, obwohl davon eigentlich für jeden reichlich vorhanden ist, ist die Gelegenheit günstig, die Euter der Schafe zu kontrollieren. Auch heute Abend klappt das reibungslos und ohne Hektik. Die Euterhälfte ist auch jetzt noch nicht abgetrunken und ein bisschen größer geworden.

Stehen die Schafe in voller Milchleistung, benötigt ein Einzellamm häufig nicht die angebotene Tagesmenge seiner Mutter. Außerdem trinken die meisten Lämmer nicht gerne an einem prallen Euter. Auch das

Mutterschaf macht schon einmal Abwehrbewegungen, weil ihm jegliche Berührung durch den hohen Innendruck allmählich unangenehm wird. Ich verschaffe Erleichterung, indem ich die verschmähte Euterhälfte komplett ausmelke. Die Milch fließt zügig. Kein Stau und auch keine sichtbare Veränderung.

Sicherheitshalber wird noch eine Schnellkontrolle mit einem Indikatorpapier gemacht. Einige Tropfen Milch auf dem vorgesehenen Kontrollfeld zeigen keine chemische Reaktion, die auf eine Auffälligkeit der Milch hinweisen würde. Eine Euterentzündung wegen mangelnder Aufmerksamkeit hätte mir gerade noch gefehlt. Traumeel (siehe Seite 89) aus der Tube gibt es noch als angenehme Zugabe. Hier handelt es sich um ein älteres, erfahrenes Schaf. Es kennt meine Hände und es gibt keine Abwehrbewegungen. Ich kann die Salbe intensiv einmassieren. Am anderen Morgen ist alles wieder im grünen Bereich. Das Lamm säuft an beiden Strichen.

Stallreinigung

So gegen Ende April ist auch Schluss mit der Winterfütterung. Das letzte Heu ist gefressen und es muss auch keines mehr nachgekauft werden. Das Weideangebot ist jetzt ausreichend und wird den ganzen Tag über genutzt, auch von den Lämmern. Selbst an Regentagen werden alle Tiere tagsüber ausgesperrt. Am Spätnachmittag holen sie sich ihre Kraftfutterration im Stall und bei trockenem Wetter weiden sie dann häufig noch einmal bis zum Einbruch der Dunkelheit. Da der Stall tagsüber verlassen ist, wird die Zeit genutzt um ein bisschen aufzuräumen und sauber zu machen.

Besonders die Heuraufen werden mit einem Handfeger gründlich gereinigt und von dem befreit, was jetzt nicht mehr gefressen werden soll. Auch alle anderen unbrauchbaren Reste wandern auf den Kompost im Garten. Der gewachsene Boden unter dem Vordach wird gründlich bis in alle Ecken ausgefegt und besonders an den schlecht zugänglichen Stellen vorher mit Kalk bestreut.

Obwohl die Schafe inzwischen ihr Futter aus leicht zu reinigenden Schüsseln angeboten bekommen, werden die Auffangbottiche aus Holz jetzt auch einmal mit heißem Essigwasser geschrubbt und anschließend gründlich mit dem Gartenschlauch ausgespritzt. Da kein Heu mehr runterfällt bleibt genügend Zeit zum Austrocknen. Es sei denn, einige Lämmer benutzen sie wie gewöhnlich nachts als Schlafplätze.

Klauenpflege

Der Wetterbericht verspricht warme und trockene Tage in der ersten Maiwoche. Da der Schafscherer gerade Zeit hat, verabreden wir einen Schurtermin. Vorher ist aber noch das zweite routinemäßige Klauenschneiden in diesem Jahr angesagt. Diesmal gilt der Termin für die gesamte Herde. Auch die Lämmer werden kontrolliert und bekommen ihre erste Pediküre. Der letzte Klauenschnitt der Mutterschafe nach der Geburt der Lämmer liegt jetzt schon Wochen oder sogar Monate zurück. Nicht zuletzt auch das mineralreiche Futterangebot trägt mit dazu bei, dass schon wieder reichlich Horn nachgewachsen ist.

Jetzt, wo die Wolle noch lang ist, lassen sich die großrahmigen und schweren Milchschafe Kräfte sparender hinsetzen und zum Arbeiten leichter fixieren. Auf unseren weichen Weiden nutzt sich das Klauenhorn wenig ab und im Gegensatz zu frei laufenden Schafen in steinigem Gelände muss die stän-

dig nachwachsende innere und äußere Klauenwand regelmäßig zurückgeschnitten werden. Sie darf sich nicht über die Sohle legen und die Auftrittfläche bedecken. Der so entstandene Hohlraum würde sich mit Schmutz und Mist füllen und ist ein idealer Nährboden für Bakterien. Ein fachgerechter, regelmäßiger Rückschnitt, der den natürlichen Zustand der Klauen immer wieder herstellt, ist für das Wohlbefinden der Tiere unbedingt erforderlich, also nicht nur Schönheitspflege, sondern mit eine Voraussetzung für gesunde und leistungsgerechte Tiere.

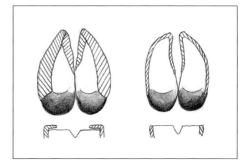

Chemikalien zur Desinfektion oder für Bäder müssen immer exakt verdünnt werden, sonst schaden sie entweder oder helfen nicht.

Übung ist wichtig

Dem Anfänger in der Schafhaltung ist zu empfehlen, erst einmal einem Fachmann bei der Klauenpflege über die Schulter zu schauen, oder einen erfahrenen Kollegen um Hilfe zu bitten. Meine ersten Versuche, das eigentlich schon zu lang gewordene Klauenhorn wieder optimal herzustellen, endeten eher kläglich. Alles was ich wusste war, dass man das Schaf irgendwie, mit oder ohne Gewalt, auf den verlängerten Rücken bringen musste, um dann mit Klauenmesser und -schere Fußpflege zu betreiben. Aus Angst und Unkenntnis, die Tiere zu verletzen, wurde eigentlich immer nur ein bisschen herumgeschnippelt. Wenn sie dann wieder auf ihren vier Füßen standen, sah alles fast noch genauso aus wie vorher.

Da entschloss ich mich, an einem Klauenlehrgang teilzunehmen. Einen ganzen Tag lang durfte ich, unter fachlicher Anleitung, mit Gleichgesinnten üben, die Schafe hinzusetzen und zu schneiden, schneiden, schneiden. Nach dem fünften Schaf hatte ich bereits einen blutenden Daumen. Daraus gewann ich die erste Erkenntnis! Immer vom Daumen wegschneiden. Ansonsten war der Tag sehr erfolgreich. Am Abend hatte ich neben ziemlichen Rückenschmerzen die

Links ungeschnittene, rechts geschnittene Klaue.

Zuversicht gewonnen, auch ausgewachsene Schafe und sogar Böcke erfolgreich hinsetzen zu können.

Einige Tage später sollte mein neu erworbenes Wissen bei meinen eigenen Schafen eingesetzt werden. Aber der Versuch, eines meiner Mutterschafe, wie gelernt ganz gekonnt auf den Rücken zu bekommen, misslang. Nicht einmal die Füße bekam ich vom Boden hoch, geschweige denn das Schaf. Ich hatte mich einen Tag lang mit einer kleineren Rasse abgeplagt. Hier, bei den wesentlich größeren und schwereren Milchschafen, reichte meine Kraft nicht aus. Auch heute noch übernimmt diese Aufgabe das so genannte stärkere Geschlecht. Wir

Klauenpflege

haben es so eingerichtet, dass der Helfer relativ bequem mit Hilfe des Podestes vom Melkstand das Schaf im Sitzen halten und fixieren kann. Meine Aufgabe ist es dann, die Klauen zu bearbeiten. Nach dem ersten lädierten Schienbein und später auch einem blauen Auge, lernte ich sehr schnell, wachsam zu sein und den plötzlichen Abwehrbewegungen der Tiere auszuweichen. Nicht alle Schafe nehmen die doch etwas unbequeme Lage gelassen hin. Allmählich aber kennt man dann die Zappelphilippe und ist auf der Hut. Mit vollem Bauch sollten die Tiere möglichst nicht behandelt werden.

Wenn das nachgewachsene Klauenhorn auf das Niveau von Sohle und Ballen gekürzt ist, ergibt sich eine glatte Schnittfläche auf der die Schafe dann wieder gut laufen können. Zuletzt wird die Klauenspitze gekappt.

Wird einmal versehentlich, und das sollte die Ausnahme sein, zu tief geschnitten und werden dabei Nerven und Blutgefäße verletzt, nur keine Panik – Daumen darauf, Ruhe bewahren und eine Weile fest zudrü-

> **Tipp: Gutes Werkzeug**
> Es erleichtert die Arbeit ungemein, wenn die Schneidewerkzeuge auch wirklich scharf und von guter Qualität sind. Die beste und preiswerteste Pflege von Schere und Messer nach der gründlichen Reinigung ist eine trockene Aufbewahrung in sauberer, ungewaschener Schafwolle.

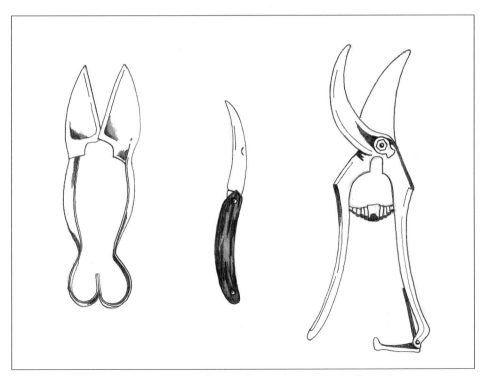

Die Schneidewerkzeuge für die Klauen sollten gepflegt und von guter Qualität sein.

cken. Dann das stets griffbereite Desinfektionsmittel und bei länger anhaltender Blutung, Blut stillende Mittel anwenden. Im schlimmsten Fall, wenn ein größeres Gefäß verletzt wurde, Druckverband anlegen und häufig kontrollieren.

Damit man weiß, was und wie viel abgeschnitten und was auf jeden Fall dranbleiben soll, sind Grundkenntnisse über den Aufbau einer Schafklaue wichtig. Vernachlässigte Klauen, besonders auch bei heranwachsenden Jungtieren, begünstigen durch anormale Bewegungen und mögliche längere Lahmheiten dauerhaft Fehlstellungen der Gelenke.

Klauenerkrankungen

Grundsätzlich müssen die Klauen eines lahmenden Schafes sofort genau untersucht werden. Ist aus Zeitmangel einmal keine Gelegenheit, das Laufverhalten der Schafe auf der Weide zu beobachten, lässt sich eine Unregelmäßigkeit auch bei der abendlichen Kraftfutteraufnahme erkennen. Die Tiere „schonen", das heißt sie heben einen schmerzenden Fuß häufig auf. Manchmal ist die Ursache nur ein kleiner trockener Erdklumpen im Zwischenklauenspalt der schmerzhaft empfunden wird und auch beim Hochheben des betreffenden Fußes von außen nicht erkennbar ist. Auch achtlos fallen gelassene Krampen und kleine Drahtstücke habe ich schon aus Schafklauen entfernen müssen.

Sitzt das Schaf in der Position zur Klauenuntersuchung, wird beim Abtasten und Drücken die schmerzhafte Stelle schnell gefunden. Sie wird vorsichtig freigelegt und der mögliche **Fremdkörper** entfernt. Sauberes Arbeiten ist hier oberstes Gebot. Haben sich bereits Eiterbakterien angesiedelt und ist ein Abszess entstanden, muss er, wenn auch noch so klein, geöffnet werden. Ein lauwarmes, starkes Kamillenblütenbad lindert den Schmerz und hat gleichzeitig einen reinigenden Effekt. Johanneskrautöl vermischt mit Calendulasalbe (siehe Seite 89), kann in die offene Wunde vorsichtig einmassiert werden. Sind die entzündeten Stellen gründlich gesäubert und die Wunde nicht zu groß, heilt in der Regel alles in ein paar Tagen.

Bleibt die Lahmheit bestehen, wird erneut nachgesehen. Möglicherweise muss dann ein Klauenverband angelegt werden. Der Heilungsprozess kann auch durch Unsauberkeit von außen verzögert worden sein. Während der Aufstallung sollten so erkrankte Schafe auf absolut frischem und sauberem Stroh stehen dürfen. Wird bei der noch so gründlichen Untersuchung der Klauen keine Veränderung entdeckt und lahmt das Schaf dennoch, können auch Zerrungen, Gelenkentzündungen oder sogar Brüche die Ursache sein. Bei Unsicherheit sollte da lieber der Tierarzt zu Hilfe geholt werden, um eine genaue Diagnose zu stellen.

Wesentlich unangenehmer und ein Schreckgespenst aller Schafhalter, ist der Ausbruch der infektiösen **Klauenfäule**, auch **Moderhinke** genannt. Diese Klauenfäule ist hoch ansteckend. Ist sie einmal eingeschleppt, wird man sie nur durch sehr viel Arbeitsaufwand und konsequent richtige Behandlung wieder los. Damit es zum Ausbruch der Krankheit kommt, ist die Ansteckung mit zwei spezifischen bakteriellen Erregern erforderlich. Da zumindest einer der Erreger eine lange Überlebenszeit hat und fast überall auf und im Boden verbreitet sein kann, dauert es auch bei gründlicher und konsequenter Sanierung unter Umständen lange, bis der Tierbestand wieder sauber ist.

Das Anfangsstadium der Krankheit unmittelbar nach der Ansteckung zeigt sich durch Rötung und eine beginnende Entzündung im Zwischenklauenspalt und ist bereits dann sehr schmerzhaft. Im weiteren Verlauf entsteht eine übel riechende, schmierige, häufig bereits eitrige Masse. Es kommt zur Ablösung von Seiten- und Sohlenhorn und letztendlich zum Verlust der Klaue. Aber so weit darf es bei regelmäßig betreuten Tieren auf gar keinen Fall kommen. Schon gar nicht, dass sich die Schafe beim Grasweiden vor Schmerzen auf den Vorderfußgelenken vorwärts bewegen müssen. Häufig hört man auch, dass die Schafe auf den Knien rutschen. Aber auch bei unseren Schafen befinden sich die Knie an der unteren oder hinteren Extremität und es ist ihnen kaum möglich, darauf herumzurutschen. Ellenbogen wäre da schon zutreffender. Aber wie auch immer, es ist auf jeden Fall ein erbärmlicher Anblick und es sollte schnellstens für Abhilfe gesorgt werden.

Schneiden kranker Klauen

Ist offensichtlich, dass auf Grund der geschilderten Symptome einzelne Tiere und damit an sich auch der gesamte Tierbestand, von der Klauenfäule befallen ist, heißt es auf jeden Fall erst einmal schneiden – baden – schneiden – baden. Gebadet werden die Füße in der vorschriftsmäßig angesetzten Klauenbadlösung. Weggeschnitten werden müssen das gesamte erkennbar befallene Horn und faule Teile bis zum gesunden Gewebe, besonders auf Hohlräume ist zu achten. Da dies dem Tier große Schmerzen bereitet, gehen viele Ungeübte dabei in der Regel sehr zögerlich vor. Da sich dies bei infizierten Klauen aber nachteilig auswirkt, ist es sicher ratsam, auch hier einen Schafhalter oder Tierarzt dazu zu bitten, der Erfahrung mit der Behandlung erkrankter Klauen hat. Blutende Wunden sollten sofort mit einem antibiotischen Spray versorgt werden.

Wird nicht bei jedem Durchgang so viel wie möglich krankes, dunkles Gewebe herausgeschnitten und anschließend intensiv und lange genug gebadet, dauert die Behandlung endlos und die einmal erkrankte Klaue bleibt jahrelang eine Ansteckungsquelle. Aus nahe liegenden Gründen muss zum Beispiel abgeschnittenes Klauenhorn und alles was eventuell mit den Erregern Berührung gehabt haben könnte, so gut wie möglich entsorgt werden. Ein Teil des vorbereiteten Klauenbades kann dafür abgezweigt werden. Auch die Schneidewerkzeuge sowie Besen, Schaufeln und der Boden des Klauenpflegeplatzes gehören dazu. Messer, Schere sowie die Hände des Behandelnden werden nach der Versorgung jedes einzelnen Schafes gereinigt. Es könnten sonst auch leicht die Schafe angesteckt werden, die noch gesund sind.

Ist nach mehrmaliger Behandlung schon ein Erfolg sichtbar, kann auch der Stall ausgemistet werden. Bei gewachsenem Boden ist das Ausbringen von gelöschtem Kalk sinnvoll. Dieser wird mit einem Besen gleichmäßig verteilt und nach einigen Tagen der Überschuss wieder entfernt. Danach kann eingestreut werden. Alle Weiden und Unterstände, auf denen sich Schafe aufgehalten haben, sollten nach der abgeschlossenen Sanierung möglichst 6–8 Wochen ruhen, das heißt schaffrei bleiben.

Durchlaufbäder

Das bereits erwähnte Klauenbad ist ein wesentliches Hilfsmittel zur Pflege, Vorbeuge und Behandlung erkrankter Klauen. Zur regelmäßigen Vorbeugung genügen Durchlaufbäder (siehe Seite 62). Möglichst unmittelbar nach dem Klauenschnitt müssen alle vier Füße des Schafes mindestens fünf bis zehn Sekunden in der Badelösung stehen und ausreichend benetzt werden. Spezielle Fußwannen, die im Fachhandel angeboten werden, sind für größere Bestände geeignet. Für eine kleinere Herde reicht auch ein ein-

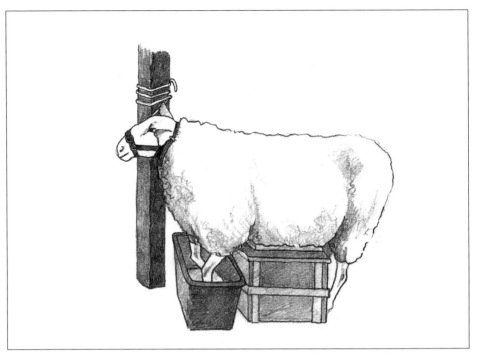

Wenn es auf diese Weise fixiert wird, kann jedes Schaf genügend lange im Standbad ausharren.

faches, selbst gebautes Klauenbad oder eine eigens dafür konstruierte Fußmatte, die auch im Fachhandel für die Landwirtschaft erhältlich ist. Je nach Verbrauch kann die fertig angesetzte Lösung immer wieder nachgeschüttet werden. Die Tiere werden einzeln auf die Matte geführt und eine Weile fest gehalten. Die Matte kann außerdem, vor Regen geschützt, damit die Lösung nicht zu sehr verdünnt wird, am Eingang zu den Stallungen liegen bleiben. Schafhalter und auch Besucher können sich hier ihre Schuhsohlen desinfizieren.

Das Standbad

Bei kranken und infizierten Klauen reicht so ein Durchlaufbad nicht. Die gut ausgeschnittenen Klauen müssen mindestens 45 Minuten, besser noch eine Stunde in einem Standbad ausharren, damit die Lösung möglichst weit nach oben zieht und das gesamte Klauenhorn durchdringt. Aber welches Schaf bleibt schon freiwillig eine Stunde auf der Stelle stehen, noch dazu in einer Badeflüssigkeit. Die Lösung ist: Das Schaf kurz in Kopfhöhe anbinden, eine ausreichend hohe und breite Kiste oder Ähnliches unter den Bauch schieben, vorne und hinten die Füße in eine genügend hohe Wanne stecken und es funktioniert. Das Ganze nach drei Tagen wiederholen. Die Lösung kann immer wieder verwendet werden. Damit das Bad optimal wirken kann, sollten sich die Tiere anschließend einige Zeit auf festem Boden aufhalten.

Chemikalien

Zur Bereitung eines Fußbades werden mehrere Chemikalien angeboten, zum Beispiel: Formalin, Kupfer- und Zinksulfat. Im Vergleich ergeben sich deutliche Vorteile für Zinksulfat. **Formalin** versiegelt das Klauenhorn bereits an der Trittfläche, macht es hart und es ist danach weiterer Behandlung schwer zugänglich, da die Erreger möglicherweise nur abgekapselt sind. Formalin ist extrem giftig, birgt Gefahren für die Atemwege, verursacht Verätzungen und erfordert daher sehr sorgfältigen Umgang. Auch **Kupfersulfat** wirkt nur an der Sohlenfläche der Klauen und härtet sie oberflächlich ab. **Zinksulfat** dagegen dringt tief ins Klauenhorn ein, so dass auch besonders bei einem länger anhaltenden Standbad die höher sitzenden Erreger wirkungsvoll abgetötet werden. Es ist nicht schmerzhaft und kaum reizend. Auch kann die Lösung immer wieder verwendet werden, da die Wirkung stabil bleibt. Das erleichtert die Entsorgung. Natürlich ist auch Zinksulfat eine Chemikalie und die Anweisungen des Herstellers müssen genau beachtet werden. Eine Schutzimpfung gegen Moderhinke wirkt auch unterstützend bei der Behandlung. Die nötige Information über das exakte Impfprogramm gibt es beim Tierarzt, aber ohne eine ordnungsgemäße Klauenpflege ist die Impfung schlecht investiertes Geld.

Routine

Hier und heute ist die Klauenpflege nur „Pediküre". Keines der Schafe zeigt auffällige Klauen. Auch bei den Lämmern muss nur hier und da ein wenig nachgebessert werden. Dabei ist auffällig, dass bei den Mutterlämmern in der Regel schon etwas mehr weggeschnitten werden muss als bei den Lammböcken. Liegt es wohl daran, dass die häufiger und wilder umhertollen?! Durch das Klauenbad aber müssen alle.

Die nach jeder Benutzung wieder reichlich aufgefüllte Fußmatte hat inzwischen einen festen Platz am Stalleingang. Der Durchgang von der Weide ist gerade so breit, dass jeweils nur ein Schaf durchgelassen werden kann und unbedingt über die Matte laufen muss. Zur Steuerung des reibungslosen Ablaufes sollten wenn möglich, zwei Personen zur Verfügung stehen. Auch ich selbst bekam diesmal ein unfreiwilliges Kniebad und eine Beule am Kopf. Die bereits durchgelaufenen Lämmer fanden die Angelegenheit höchst interessant und liefen wie immer neugierig umher. Einer der älteren und schon recht kräftigen Lammböcke glaubte, sich da einmischen zu müssen und beförderte mich mit einem kräftigen Stoß in die Kniekehle höchstpersönlich auf die Matte – Lämmer sind was Wunderbares! Jetzt ist mit der Klauenpflege erst einmal Ruhe bis zur Deckzeit. Es sei denn, es gibt Verletzungen oder andere Unregelmäßigkeiten.

> **Info: Ansteckung vermeiden**
> Um eine gesunde und sanierte Herde vor Neuansteckung mit Klauenfäule zu schützen, sind folgende Maßnahmen durchzuführen: Bei allen hinzugekauften Schafen müssen die Klauen kontrolliert, eventuell nachgeschnitten und die Tiere durch das Klauenbad geschickt werden. Auch eigene Schafe sollten, wenn sie „außer Haus", zum Beispiel auf Schauen und Auktionen waren, vor und nach der Reise durch das Klauenbad laufen, der Kontakt mit anderen Tieren sollte möglichst gemieden werden.

Mai

Nenne Dich nicht arm,
weil deine Träume nicht in Erfüllung
gegangen sind. Wirklich arm ist nur,
wer nie geträumt hat.

Marie v. Ebner-Eschenbach

Der Mai ist gekommen und die Bäume haben schon vor Tagen kräftig ausgeschlagen. Das Wetter hält, was die Vorhersage versprochen hat. Warme trockene Frühlingsluft – ideal für die Schur.

Scheren

Der Schafscherer ist pünktlich und nur die Schafe wissen noch nicht, was auf sie zukommt. Der Rasen zum Ausbreiten und Ausdünsten der Wollvliese ist kurz und sauber geschnitten. Im Stall wurde noch etwas Stroh nachgestreut. Die Nächte sind kühl, und so ganz ohne Wolle ist es doch etwas ungemütlich für die Schafe.

Der Schafscherer ist ein Profi. Nach einer guten Stunde ist bei allen Muttertieren und dem Altbock der Pelz runter. Das Scheren erfordert viel Übung, bis das Ergebnis sich sehen lassen kann. Unter den Schafen herrscht Unruhe. Einige Lämmer erkennen ihre kahl geschorenen, offenbar nicht mehr so vertraut duftenden Mütter nicht sofort wieder. Das Durcheinander und klägliche Blöken der scheinbar Verlassenen legt sich erst nach einigen Stunden. Am Abend aber bei der Fütterung ist wieder Ruhe und alle nuckeln am richtigen Euter.

Info: Wundversorgung
Kleine, wenige Schnittwunden sind nie ganz zu vermeiden und werden sofort mit Johanniskrautöl versorgt (siehe Seite 89).

Lagerung der Wolle

Bevor am Nachmittag wieder erhöhte Luftfeuchtigkeit aufkommt, wird die ausgebreitete Wolle eingesackt. Es sollten luftdurchlässige Säcke verwendet werden, also keine Plastik- oder Kunststoffsäcke sondern am

Nur wenn die Rohwolle vollkommen trocken ist, darf sie eingesackt werden.

besten solche aus Jute. Verschmutzte oder stark verkotete Teile werden ausgezupft. Was nicht in den Abfall kommt, kann ausgewaschen und getrocknet noch gut zur Pflege von Gartengeräten oder anderen Werkzeugen genutzt werden. Nur wenn die Rohwolle vollkommen trocken ist, dürfen die Jutesäcke richtig voll gestopft werden. Vor Feuchtigkeit geschützt, können sie so auch längere Zeit bis zur Weiterverarbeitung oder zum Verkauf gelagert werden. Der Erlös, den der Schafhalter zum jetzigen Zeitpunkt für ungewaschene Wolle erzielt, deckt aber gerade mal die Kosten für die Schur.

Wann scheren?

Es gibt Milchschafzüchter, die ihre Schafe jedes Jahr erst im Oktober scheren lassen. Das hat Vor- und Nachteile. Es ist mehr Platz im Stall und das im Winter häufig zu feuchte Stallklima lässt sich bei Schafen in „halber Wolle" leichter regulieren. Man kann früher erkennen, ob die Schafe auch sicher tragend sind. Vor und nach der Lammung lassen sich die Mütter, wenn nötig, leichter säubern und die neugeborenen, schwächeren Lämmer finden sicherer das Euter der Mutter.

Ein Nachteil könnte sein, dass in anhaltend frostigen Wintertagen, wenn die Tiere sich länger im Freien aufhalten, das sich entwickelnde Euter der Kälte ziemlich schutzlos ausgesetzt ist. Die Schafe haben, vorausgesetzt sie dürfen sich im reichlich eingestreuten Stall aufhalten, bereits nach einigen Tagen auf Grund des schnell nachwachsenden Wollkleides genügend Wärmeschutz. Obwohl die Vorteile, die Schafe erst im Herbst von ihrer Wolle zu befreien, einleuchten, bin ich selbst immer noch bei der Frühjahrsschur geblieben.

Am nächsten Tag steigt das Thermometer mittags bis auf 25 °C. Die Schafe meiden die Sonne, verkriechen sich im Stroh und gehen erst gegen Abend auf die Weide. Trotzdem sind Beine und Euter ziemlich rot. Es ist aber noch kein Sonnenbrand. Zur Kühlung wird leicht mit Calendulasalbe eingerieben. Dennoch habe ich den Eindruck, dass die Schafe sich wohl fühlen und den langen Pelz gut entbehren können. Sie sehen jetzt fast aus wie große Ziegen. Die Körperkontrolle ergibt, dass die kleinen Schnittwunden gut verkrustet und keine Außenparasiten festzustellen sind. Das Säubern des Rasens von den zurückgebliebenen Wollresten erübrigt sich. Die Vögel nehmen mir diese Arbeit ab. Es wird emsig eingesammelt für Kinderstuben mit Komfort.

Während ich ihnen dabei zusehe, versuche ich wieder einmal, meinen Parka zu reparieren. Die Lämmer haben ihn ziemlich ramponiert. Abgerissene Taschen und Knöpfe, defekter Reißverschluss und ganz schön verdreckt. Nach der Reparatur ist eine Generalreinigung nötig und bis zum Herbst wird er dann wohl nicht mehr gebraucht werden.

Urlaubsvertretung

Bevor jetzt im Mai die Melkzeit beginnt und die arbeitsreiche Zeit mit den Flaschenlämmern zu Ende geht, sind noch ein paar Tage Urlaub mit der Familie geplant. Das heißt, während dieser Zeit müssen liebe Menschen alle unsere Tiere und auch die Schafe betreuen. Nachbarn, Freunde oder entfernt wohnende Familienmitglieder erklären sich mehr oder weniger freudig bereit, diese Aufgabe solange zu übernehmen.

Obwohl die Bereitwilligen jedes Mal gründlich eingewiesen werden und ganz sicher auch absolut guten Willens sind, funktioniert das nicht immer, wie die besorgten Schafhalter sich das vorstellen. Die eigenen Kenntnisse vom Umgang mit den Schafen, welche man sich in jahrelanger Kleinarbeit

Stück für Stück erarbeitet hat, lassen sich einem weniger routinierten, wenn auch willigen Ersatzbetreuer nicht in drei oder vier Sätzen übermitteln. Da müssen unbedingt auch Konzessionen gemacht werden. Ein Nichtschafbesitzer hat ohnehin Schwierigkeiten zu verstehen, was so in den Köpfen der Schafbesessenen vor sich geht: Kaum einer kann ihnen etwas recht machen wenn es sich um ihre Schafe dreht.

Aber Pannen oder zum Beispiel Lämmerunfälle kann es auch geben, wenn man zu Hause ist und glaubt, immer und überall die absolute Übersicht zu haben. Wie ich vor ein paar Tagen wieder einmal selbst erfahren musste. Der Anruf einer Nachbarin, ein Lamm läge da so seltsam auf der Weide, ließ mich alles stehen und liegen und ahnungsvoll davonlaufen. Und dann lag er da, mein hoffnungsvoller Nachwuchs. Lang ausgestreckt und ganz friedlich. Erst dachte ich, dass er nur schläft. Ein offenbar achtlos über den Zaun geworfener Fetzen einer Plastiktüte war ihm zum Verhängnis geworden. Er glaubte wohl, etwas Fressbares gefunden zu haben und war daran erstickt. Mein Versuch, einen noch sichtbaren Teil des Plastiks herauszuziehen misslang, brachte aber ohnehin keine Hilfe mehr. Ich wollte es einfach nicht wahrhaben. Hatte ich ihn doch vor einer guten Stunde noch inmitten der Herde, gesehen, putzmunter – und nun war er tot.

Entwöhnung der Flaschenlämmer

Die Flaschenlämmer nerven allmählich. Kaum ein intakter Sauger ist noch vorhanden, alles abgerissen, durchgebissen und zerkaut. Auch die jüngsten Flaschenkinder sind inzwischen 12 Wochen alt und die Zeit ist gekommen, ihnen die Milch komplett zu entziehen. Zur langsamen Entwöhnung gibt es die Flasche seit zwei Wochen ohnehin nur noch einmal täglich. Das letzte Milchpulver ist fast aufgebraucht. Zur Nachtzeit werden dann alle, auch die Sauglämmer, von den Mutterschafen getrennt und erst morgens, nachdem gemolken wurde, zum Weidegang wieder zusammengeführt. Das bedeutet zwei, drei unruhige Nächte, bis das klägliche Jammern der „verlassenen Kinder" allmählich weniger wird und sie sich daran gewöhnt haben. Der kleine Kerl, den ich aus der Nachgeburt gefischt habe, ist ein lebhafter, anhänglicher Lammbock geworden. Er ist zwar immer noch kleiner als die meisten und wird es wohl auch bleiben, aber bei der Flaschenfütterung drängelt er sich stets bis zur ersten Reihe durch.

Eigentlich waren es in diesem Jahr nur drei, die unbedingt auf Zufütterung angewiesen waren. Und eine Zeit lang hat das auch konsequent geklappt. Aber mittlerweile haben auch andere Lämmer begriffen, dass es möglicherweise etwas abzustauben gibt, wenn ich mit den Flaschen in der Hand erscheine. Es ist nicht mehr auszumachen, wem etwas zusteht und wer sich nur ein Zubrot holt. Auch die bunten Halsbänder, die als Kennzeichnung dienen, ändern nichts.

Schuld daran bin ich eigentlich selber. Da sich so mit der Zeit einige auch mal zwischendurch eine Milchmahlzeit bei unaufmerksamen Muttertieren ergattern, kommt es vor, dass die angebotene Flasche verschmäht wird. Ich habe dann meinen Vorrat und auch mögliche Reste den umherlaufenden, interessierten anderen Lämmern angeboten. Mit durchschlagendem Erfolg. Einige, besonders die älteren, kräftigeren Lammböcke sind ganz wild auf die Flaschen. Es ist kaum noch ein Durchkommen. Das Ergebnis sind die ramponierten Sauger und auch einige Flaschen haben die stürmische Behandlung nicht überlebt. Alle Sauger wandern komplett in den Müll. Ich darf nur nicht vergessen, rechtzeitig Ersatz zu bestellen. Die nächste Lammzeit kommt schneller als man denkt – diese aber ist jetzt zu Ende.

Zähne und Zahnwechsel

Beim Empfang der nach Milch suchenden Lämmer muss ich meine Hände noch einige Zeit lang in die Jackentasche stecken, um meine Finger zu schützen. Es wäre nicht der erste blutig gebissene Finger, den ich mir aus Unachtsamkeit beim Spiel mit den Lämmern geholt habe. Obwohl alle Schafe, auch die Erwachsenen, im Oberkiefer nur eine Kauplatte und keine Schneide- und Eckzähne haben, können die heranwachsenden Lämmer mit den spitzen, vorderen Zähnen im Milchgebiss schon kräftig zubeißen. Greift man einem Lamm ins Maul, ist es ratsam den bereits vorhandenen vorderen Backenzähnen im Ober- und Unterkiefer auszuweichen.

Bei einem normal entwickelten Lamm ist das Milchgebiss bereits im Alter von vier bis

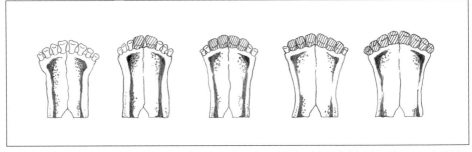

Schneidezahnwechsel beim Schaf. Von links nach rechts: Milchgebiss; Gebiss im Alter von 1–1 1/2 Jahren; mehr als 2 Jahre alt; älter als 3 Jahre (nur noch die Eckzähne stehen); 4 Jahre und älter.

Info: Zähne

Das Lamm hat 20 Zähne. 6 vordere Schneide- und 2 Eckzähne im Unterkiefer und je 6 Backenzähne im Ober- und Unterkiefer.

Im Alter von etwa einem Jahr beginnt der Zahnwechsel mit den beiden mittleren Schneidezähnen. Die 6 hinteren Backenzähne jeweils im Ober- und Unterkiefer fehlen im Milchgebiss noch. Sie erscheinen später als bleibende Backenzähne. Auf korrekte Kiefer- und Zahnstellung sollte bereits bei den Lämmern geachtet werden. Die kräftige Kauplatte des Oberkiefers ist zusätzlich mit einer rillenförmigen Vertiefung ausgestattet. Bei normaler Kieferstellung passen die Spitzen der Schneidezähne im Unterkiefer genau dort hinein.

Bedeckt die Kauplatte nicht mehr die unteren Schneidezähne, spricht man von einem Überbeißer. Diese Gebissfehler werden häufig vererbt und es ist ratsam, mit diesen Tieren nicht weiter zu züchten. Nach Beginn des Schneidezahnwechsels verschlimmert sich diese Anomalie eher noch. Die Schafe können das Gras nicht mehr optimal abweiden und bekommen logischerweise Ernährungsprobleme. Erst im Alter von etwa 4 Jahren ist der Zahnwechsel abgeschlossen. Das fertige Gebiss besteht dann aus 32 bleibenden Zähnen. Danach kann das Alter der Schafe nur in etwa nach der Abnutzung der Schneidezähne geschätzt werden.

8 Monate altes Lamm mit korrekter Zahn- und Kieferstellung.

4 Wochen altes Lamm mit einem komplett ausgebildeten Milchgebiss.

fünf Wochen komplett. Eines möchte ich aber doch noch klarstellen: Milchschaflämmer sind nicht etwa bissig. Kleine Verletzungen gibt es nur beim übermütigen Spiel und wenn eben die Finger des Pflegers einmal mit der kürzlich entzogenen Milchflasche verwechselt wurden.

Melkzeit

Bevor nun das tägliche Melken jeden Morgen beginnt, muss erst einmal der lange Zeit ungenützte Melkstand wieder auf Vordermann gebracht werden. Alles was nicht dorthin gehört, wird weggeräumt. Eine gründliche Säuberung mit heißem Wasser und Wurzelbürste ist dringend nötig. Da sich der Melkstand außerhalb des Stalles befindet, kann mit Wasser großzügig umgegangen werden, trocknen wird alles von allein.

Die benötigten Melkzeuge wie Milchsieb, Kanne, diverse Töpfe, der Eimer mit den Euterwaschtüchern oder der Becher zum Dippen der Striche, müssen einsatzbereit sein. In der Milchküche wurde schon vor Tagen noch einmal alles gründlich mit Essigreiniger und heißem Wasser abgewaschen oder gespült und zum Abtropfen aufgestellt.

Der erste Melktag ist gekommen. Die immer noch von ihren Müttern die ganze Nacht getrennten Lämmer jammern oder protestieren wieder ziemlich laut. Sie merken, dass da etwas in Bewegung kommt. Das erste der Altschafe ist so schnell über den Laufsteg des Melkstandes zum bereitstehenden Futtereimer gerannt, dass ich kaum das nächste zurückhalten kann. Sie haben nichts vergessen. Weniger, dass da gemolken wird, als dass es etwas zu Fressen gibt. Paulchen ist auch schon da. Er bekommt die Milch aus dem Vormelkbecher. Alles klappt wie gehabt. Die Tiere wissen noch genau den Ablauf. Rauf auf den Melkstand oder bzw. warten, bis geöffnet wird und man dran ist. Fressen, Milch abgeben, auf der anderen Seite wieder runter und auf die Wiese.

Einmelken

Die zwei Neulinge im „Milch abgeben" beobachten die ganze Angelegenheit aufmerksam und interessiert, müssen aber warten bis zum Schluss. Dann wird der Aufgang wieder einladend geöffnet und ich bringe erst einmal das erste Gemelk in Sicherheit und in die Kühlung. Wie ich aus Erfahrung weiß, kann das jetzt unter Umständen noch eine Weile dauern. Eines der beiden Schafe steht mehrmals mit den Vorderläufen auf der Treppe, zögert dann aber und geht etwas ratlos wieder zurück. Nach mehrmaligen Hinhalten und Rappeln des Futtereimers, der aber sofort wieder an seinen Platz gestellt wird, ist der Widerstand dann schnell gebrochen. Ohne Hilfe steht das erste der Jungschafe an Ort und Stelle und sofort wird der Rückzug verhindert.

Die erste Hürde ist genommen. Ich habe noch in Erinnerung, dass sich dieses Schaf nach der Geburt seiner zwei Lämmer willig von mir abmelken ließ und keine Abwehrbewegungen unternahm. Auch hier geht es gut. Nach einigen Trittversuchen, welchen ich, im Gegensatz zum Anfang meiner Melkstandkarriere inzwischen blitzschnell auszuweichen vermag, ist es geschafft. Sie weiß was sie soll und konzentriert sich ganz aufs Fressen! Glück gehabt!

Bei dem anderen Schaf helfen weder Futter, noch gutes Zureden, Ziehen oder Schieben und ein ärgerliches Schimpfen und Fluchen meinerseits schon gar nicht. Zu zweit schaffen wir es dann mit viel Kraft und mehreren Fehlversuchen irgendwann, das Tier auf den Melkstand und vor den Futtereimer zu zwingen. Dort setzt es sich prompt erst einmal auf die Hinterbeine. Hochheben, gut zureden und das gestresste Tier eine Weile sich selbst überlassen, ist jetzt die Devise. Nachdem der Futtereimer zwei Mal nachgefüllt wird, kommt doch noch ein wenig Milch in den Topf. Dann wird die Aktion für heute beendet. Es wird jeden Tag ein bisschen besser klappen und dann kann auch dieses Schaf ohne Aufregung und Hektik gemolken werden.

Jetzt dürfen erst einmal die Lämmer zu ihren Müttern. Welche Freude! Nach einem kurzen Durcheinander tritt die langersehnte wohltuende Ruhe ein. Es ist bemerkenswert, dass aus den gut ausgemolkenen Eutern immer noch genügend für ein kleines Lämmerfrühstück abgezapft werden kann. Die Mütter lassen die Lämmer aber nur kurz trinken und trotzdem sind diese zufrieden. Die Hauptsache ist, dass alle wieder vereint sind.

Probleme beim Einmelken

Das Einmelken eines Jungschafes kann dem Ungeübten schon einige Probleme bereiten und regelrecht zum Albtraum werden. Nicht immer ist gleich ein Melkstand vorhanden und häufig muss erst einmal im Stall oder auf der Weide gemolken werden. An meine eigenen kläglichen Anfänge, ein Tier einzumelken, kann ich mich noch sehr gut erinnern, obwohl es schon viele Jahre her ist. Da ich meine Schafzucht, was das Melken angeht, mit einem älteren, gut eingemolke-

---

Tipp: Richtig melken
Schon damals habe ich mir angewöhnt, jede Euterhälfte einzeln auszumelken. So konnte ich den Topf mit der freien Hand ziemlich hoch unter das Euter heben. Eine Verschmutzung der Milch oder versehentliches Umtreten des Behälters durch das Schaf kamen dadurch seltener vor. Bis heute habe ich diese Methode beibehalten. Bei einem Vergleich mit Kollegen, welche beidhändig melken, stellte sich heraus, dass ich keinesfalls mehr Zeit benötige, um das gleiche Ergebnis zu erzielen – im Gegenteil.

nen Schaf begonnen hatte, glaubte ich diese Erfahrung ohne Weiteres auf andere Schafe übertragen zu können. Anbinden oder Kraftfutter vorsetzen waren damals nicht nötig. Es genügte, das Schaf vor eine frisch aufgefüllte Heuraufe zu führen. Egal ob von der Seite oder von hinten gemolken wurde, ich bekam „meine" Milch ohne Schwierigkeiten.

Das Anbinden des jungen Schafs mit einem kurzen Strick vor der duftenden Heuraufe und die zusätzliche Gabe von Futter in der Schüssel funktionierten bestens. Aber schon der aufgeregte, ablehnende Blick, der mich traf, als ich mit meinem eher kleinen Becher in der Hand begann, mich vor oder auch hinter das Schaf zu hocken, würde mir heute signalisieren: „Mit mir nicht"! An diesem Tag lernte ich, wie schnell und geschickt so ein Schaf den Händen des Melkers ausweichen kann und dabei immer genau mit einem Fuß im Milchtopf landet. Ergebnis: Die ohnehin bescheidene Milchmenge war total verdreckt, das meiste im Stroh verschüttet, ich nass geschwitzt, dem Heulen näher als dem Lachen. Kurz gesagt: Meine Nerven lagen blank!

Ansonsten war da noch ein ziemlich gleichgültig dreinblickendes Schaf, höchst zufrieden über die zusätzliche Futterration. Nicht mal den Hund konnte ich für meine unappetitliche Ausbeute begeistern. Große Ratlosigkeit: War ich zu dumm oder das Schaf zu schlau? Was machte ich falsch? In keinem meiner Fachbücher über Schafhaltung fand ich Rat oder Hilfestellung. Die Erkenntnis, dass es mit so einem unwilligen Tier zumindest am Anfang besser erst einmal zu zweit geht, half mir schließlich weiter. Damals begann ich das erste Mal von einer elektrischen Melkanlage zu träumen – für zwei Schafe!

Bei einem Gespräch über den Gartenzaun erwähnte die Nachbarin, so ganz nebenbei, dass sie in den letzten Nächten wegen der

Der selbstgezimmerte Melkstand hat sich bewährt.

Tipp: Stressfrei
Das Schaf sollte die Milch möglichst freiwillig abgeben und beim Melken nicht unter Zwang stehen – genauso wenig wie der Melker! Dann fließt die Milch besser und die Ausbeute ist größer.

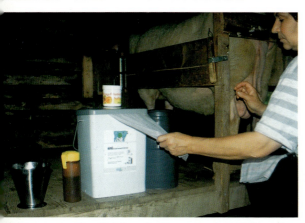

Zum Reinigen des Euters vor dem Melken gibt es gebrauchsfertige Euterwaschtücher.

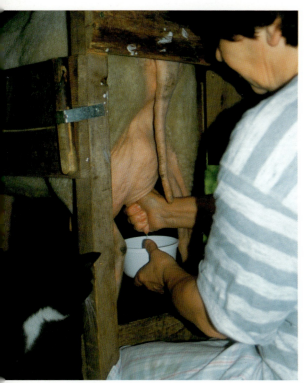

Kater Paulchen wartet schon – er bekommt die Milch aus dem Vormelkbecher.

lauten Lämmerproteste nicht besonders gut geschlafen habe. Ein Stück eingefrorener Lammrücken und ein Glas Käse in Kräuteröl trugen ein wenig dazu bei, die nächtlichen Belästigungen in ihrem Gedächtnis verblassen zu lassen.

Euterwaschen

Mit dem selbst gezimmerten Melkstand, dessen Konstruktion auch ein wenig bei vorhandenen Modellen anderer Schafzüchterkollegen abgeschaut wurde, kann relativ Kräfte sparend im Sitzen gemolken werden. Das Tier steht auf dem erhöhten Podest und alle Gerätschaften sind in greifbarer Nähe.

Schon das Säubern des Euters bewirkt, dass der Milchfluss angeregt wird. Der Nachwuchs zeigt, wie es gemacht wird. Die Faust des Melkers ersetzt das kräftige Stoßen der Lämmer gegen das mütterliche Euter, wenn sie trinken wollen. Mit gesäuberten und möglichst warmen Händen wird der erste Milchstrahl in ein kleines Vormelkgefäß gemolken. Diese Milch hat einen hohen Keimgehalt und gehört nicht in die Milchkanne. Das gebrauchsfertige Euterwaschtuch läuft in einen Eimer mit Reinigungsflüssigkeit über eine Rolle und kann neben trockenen Einwegtüchern auch zum Säubern der Hände genutzt werden. Sind das Euterpapier und die Flüssigkeit aufgebraucht, wird beides aufgefüllt und neu angesetzt. Alles notwendige Zubehör ist im landwirtschaftlichen Fachhandel erhältlich.

Das nach dem Melken abschließende „Dippen" der Striche (siehe Seite 140) verschließt den Strichkanal und bietet bis zum nächsten Melken einen gewissen Schutz vor krankmachenden Keimen, die über den Strichkanal in die Milchdrüse eindringen und diese infizieren können.

Das ist natürlich nur sinnvoll, wenn nicht anschließend noch Lämmer saugen. Kurze

Pausen während des Melkens und mehrmaliges Stoßen und leichtes Massieren des Euters bewirken, dass es leergemolken werden kann. Die letzte Milch hat den höchsten Fettgehalt.

Gute Melkbarkeit

Das Ostfriesische Milchschaf wird wegen seines Milchreichtums, seiner gesundheitsfördernden Milchinhaltsstoffe und seiner guten Melkbarkeit vorwiegend als Milchlieferant genutzt. Gute Melkbarkeit bedeutet eine für das Hand- oder Maschinenmelken geeignete Euterform und Strichstellung – nicht zu vergessen die Lämmeraufzucht. Um das Saugen zu begünstigen, sollten die Striche leicht nach vorne, seitlich gerichtet und nicht zu kurz sein. Besonders in den ersten Stunden nach der Geburt können dann auch kleine oder schwache Lämmer die Milchquelle leichter von allein finden. Wird mit der Maschine gemolken, dürfen die Striche nicht zu dick und nicht zu kurz sein, sonst passen sie nicht in die Melkbecher. Für das Melken mit der Hand darf so ein Strich eher etwas dicker und länger sein. Das Melken bei Eutern mit hoch angesetzten, kleinen, kurzen Strichen ist sehr anstrengend und bedeutet Muskelkater für den Melker.

Ein reines Fleisch- oder Fetteuter sieht zwar gut aus, liefert aber wenig Milch. Obwohl die Euterfestigkeit im Alter nachlässt, muss es ein ganzes, möglichst langes Schafleben seine Funktion behalten. Wird mit Nachkommen von Mutterschafen mit schlechten Euter- und Strichqualitäten immer weiter gezüchtet, kann der Ärger groß werden. Auch ein neu eingesetzter Bock, dessen Mutter oder Großmutter schlechte Euter- oder Stricheigenschaften haben, kann diese Veranlagung in den Bestand einbringen.

Da ich mich inzwischen entschlossen habe, alle meine Schafe mit der Hand zu

Ein Schaf mit guter Euterform und Strichstellung.

melken, ist die gute, Kräfte sparende Melkbarkeit der Tiere oberstes Gebot geworden. Auch in diesem Jahr habe ich mich von einem mir schon lieb gewonnenen Jungschaf schweren Herzens wieder getrennt. Die Striche des Euters waren so klein und kurz, dass sie nur mit Daumen und Zeigefinger der melkenden Hand gefasst werden konnten. Das Ausmelken dauerte drei Mal so lang wie bei einem Tier, bei dem alle vier Finger den Strich umfassen können. Ein Schafhalter, welcher seine Milchschafe ausschließlich zur Fleischgewinnung hält, hat sie mir abgekauft, weil sie in zwei Jahren bereits sechs Lämmer geboren und aufgezogen hat.

Meine morgendliche Ausbeute von derzeit fünf zu melkenden Schafen sind etwa acht

> **Wichtig: Sieben der Milch**
> Das Gemelk eines jeden Schafes wird sofort durch das Sieb in die Sammelmilchkanne gegossen. Damit wird verhindert, dass sich mögliche Schmutzpartikel in der Milch auflösen und verteilen können, wenn sie längere Zeit steht.

Liter Milch, ein bis zwei Liter pro Schaf. Genau die Menge, welche ich in einem Arbeitsgang in meiner kleinen Milchküche verarbeiten kann. Ist es etwas mehr, gibt es Pudding zum Nachtisch.

Nach getaner Arbeit die schwere, mit der noch schäumenden, frisch gemolkenen Milch gefüllte Kanne in die Kühlung zu tragen, ist ein fast erhabenes Gefühl. Es erinnert mich ein wenig an meine Kindheit, wenn wir vom Wald- oder Himbeerpflücken nach Hause kamen und stolz unsere bis zum Rand gefüllten Körbe oder Kannen präsentierten.

Milchqualität

Damit das, was ich in die Milchküche trage nicht nur gut aussieht, sondern den zur Weiterverarbeitung der Milch nötigen Qualitätsansprüchen genügt, wird einmal in der Woche, sicherheitshalber von dem Gemelk eines jeden Schafes, bevor die Milch in die Sammelkanne gegossen wird, eine Probe entnommen, um den Zellgehalt in der Milch festzustellen. Ein erhöhter Zellgehalt ist auf jeden Fall ein erster Anhaltspunkt für eine mögliche Belastung des Euters durch Infektionserreger und muss als Warnzeichen beachtet werden. Mit Hilfe des so genannten Schalmtestes kann festgestellt werden, ob die Milchprobe eine zu hohe Zellzahl aufweist. Diese weißen Blutkörperchen in der Milch stammen aus dem Blut und haben eine Abwehrfunktion im Organismus. Sie sind in bestimmten Umfang immer vorhanden und schützen zum Beispiel das Euter vor allgegenwärtigen Entzündungserregern. Die Zellen haben die Aufgabe, eingedrungene Entzündungserreger und ihre Stoffwechselprodukte zu beseitigen und unschädlich zu machen. Die Zahl der Zellen, die aus dem Blut in die Milch übergeht, wird vom Organismus immer auf den Bedarf der notwendigen Abwehr ausgerichtet.

Ab einem Zellgehalt über 400 000/ml zeigt sich beim Test schon eine negative Veränderung, das heißt, es beginnt eine Schlierenbildung, nachdem die Milchprobe mit der Testflüssigkeit vermischt wurde. Der Grund-

> **Info: Schalmtest**
> Der Schalmtest zeigt hohe Zellzahlen in der Milch auf. Um ihn durchzuführen benötigt man außer der Testflüssigkeit eine kleine Schüssel oder einen tiefen Teller als Testschale. Etwa 2 ml Milch werden nach dem Vorgemelk, sicherheitshalber aus jedem Euterstrich in die Schale gemolken und mit je 3 ml Testflüssigkeit vermischt. Dieses Gemenge wird eine Weile hin und her geschwenkt. Je nach Zellgehalt zeigen sich Schlieren oder die Flüssigkeit wird zäh oder schleimig. Bleibt die Milchprobe, abgesehen von einer leichten Farbveränderung durch das Zusetzen der Testflüssigkeit unverändert, kann davon ausgegangen werden, dass der Grenzwert nicht überschritten ist. Bei einem stark positiven Schalmtest bilden sich gallertartige Klumpen und die Masse bleibt starr, ohne noch zu fließen. In einem solchen Fall ist das Vorliegen einer Mastitisinfektion sehr wahrscheinlich. Der Genuss oder gar die Weiterverarbeitung der Milch dieses Tieres muss erst einmal unterbleiben, bis Klarheit geschaffen ist.

wert liegt bei 250 000 bis 300 000 Zellen/ml. Dieser Richtwert gilt etwa für die Mitte der Laktationszeit. Gegen Ende der Melksaison können es bis zu 700 000/ml sein. Auch noch etwa 14 Tage nach der Ablammung weist die Milch einen erhöhten Zellgehalt auf. Wird ein erhöhter Zellgehalt festgestellt, sollte das Euter überprüft und eine Milchprobe zu einer bakteriologischen Untersuchung an das Tiergesundheitsamt geschickt werden.

Ist eine Besiedlung des Euters mit Entzündungserregern bereits verdeckt (latent) vorhanden und ist der Erreger bekannt, wird eine gezielte Behandlung vorgenommen. Eine genaue Beurteilung der Eutergesundheit allein auf Grund der Zellzahl in der Milch ist nicht möglich. Dazu sind bakteriologische Untersuchungen nötig.

Wird später zwei Mal täglich gemolken, ist der Ertrag größer und die Milch muss morgens und abends zur Weiterverarbeitung angesetzt werden. Dadurch wird die Hausfrau in ihrer Zeiteinteilung ganz schön eingeengt. Es sind ja auch noch der Haushalt, der Garten und natürlich die diversen Tiere zu versorgen. Leicht kann die Lockerheit für dieses nun vermeintliche Hobby verloren gehen und ungeliebter Zwang entstehen. Es will gut überlegt sein, ob die Begeisterung groß genug ist, um den Einstieg in die eigene Käseproduktion zu wagen und sich nicht gleich entmutigen zu lassen, wenn die ersten Produkte eher die Hühner begeistern als die Familie.

Milchverarbeitung

Um aus Schafmilch qualitativ hochwertige Produkte herzustellen, bedarf es außer Erfahrung in der Praxis einige Kenntnis der biologischen und biochemischen Vorgänge. Das nötige Hintergrundwissen darüber, wie der Neueinsteiger Fehlproduktionen und die Ursachen eines misslungenen Käses ergründen und abstellen kann, ist nur von einem Fachmann mit langjähriger Praxiserfahrung zu übermitteln (siehe Literatur Seite 145). Erst das Wissen um das Warum der einzelnen Verfahrensschritte, die Kenntnis der Folgen bei deren Nichteinhaltung und die Fähigkeit der Behebung von Qualitätsmän-

Info: Melkausstattung
Die Milch ist ein sehr empfindliches Nahrungsmittel und die Sorgfaltspflicht fängt schon bei der Entnahme durch den Melker aus dem Schafeuter an. Geruch und Geschmack der Milch verändern sich sehr schnell. Es ist ein Unterschied, ob zum Beispiel in einem wenig luftigen Stall oder wie hier im Freien gemolken wird. Auch der Eigengeruch ungeeigneter Gefäße, mit denen die Milch in Berührung kommt, kann sie negativ verändern. Ideal und langlebig, nur verhältnismäßig teuer sind Behälter aus Edelstahl, aber auch lebensmittelechter Kunststoff, aus dem zum Beispiel meine Milchkannen sind, haben sich in der Praxis bewährt. Wichtig sind glatte und nicht leicht aufzurauende Oberflächen, die hitzebeständig und leicht zu reinigen sind.
Grundausstattung für die erste Käseherstellung in der eigenen Küche für etwa 4 l Milch:
- ein großer Topf, etwa 10 l fassend
- eine Schüssel, möglichst aus Edelstahl, 5 l fassend
- ein Milchthermometer
- ein Schneebesen
- eine Schöpfkelle
- ein großes Messer zum Schneiden der Gallerte
- ein Käsetuch oder einen anderen feinmaschigen Baumwollstoff
- ein Dutzend Wäscheklammern
- Säuerungskultur
- Lab

geln, ermöglichen trotz unterschiedlicher Bedingungen mit der Zeit eine gesicherte Produktion. Also, erst einmal geeignete Literatur besorgen, gründlich studieren und dann ans Werk gehen. Aber ein wenig geht auch schon am Anfang, ohne viel Erfahrung und Grundwissen. Es wird gelingen, wenn die wichtigsten Voraussetzungen beachtet werden.

Vermehren sich Fremdkeime zu stark, schmeckt es einfach nicht. Eine Haushaltsküche ist auf Dauer kein geeigneter Ort, um Milchprodukte von guter Qualität herzustellen. Für den Anfang aber erst einmal völlig ausreichend. Auch meine ersten Versuche in Sachen Käse begannen in meiner Küche. Damit sich der Aufwand lohnt, sollten es auch für die Herstellung des ersten Quarks oder Frischkäses mindestens vier Liter Milch sein. Steht diese Menge aus frisch gemolkener Milch zur Verfügung, kann der erste selbst gemachte Käse aus Rohmilch hergestellt werden.

Der Bruch wird verschöpft, damit die Molke völlig ablaufen kann.

Rohmilch

Die sauber gemolkene und durch ein Milchsieb gegossene Milch kommt in eine mit kochendem Wasser ausgespülte noch warme Schüssel aus Edelstahl. Das Gefäß sollte mindestens 5 Liter fassen, da ja noch Platz zum Umrühren für 4 Liter Milch sein muss. In die so warm gehaltene Milch von immer noch etwa 25 bis 28 °C wird möglichst umgehend mit dem Schneebesen eine Säurekultur sehr gründlich eingerührt. Bei dieser Temperatur, die im warmen Raum eine Weile gehalten wird, können sich die der Milch so zugefügten Milchsäurebakterien optimal ausbreiten. Eine schnelle Säuerung bedeutet weniger Entwicklungsmöglichkeiten für Schadkeime. Haben sich unerwünschte Keime erst einmal vermehrt, wird man sie auch in der Weiterverarbeitung nicht mehr los.

Grundausstattung für die Käseherstellung in der eigenen Küche

Pasteurisiert

Kann die benötigte Milchmenge erst innerhalb von zwei Tagen gewonnen werden, muss sie unbedingt im Kühlschrank aufbewahrt und vor der Säuerung pasteurisiert werden. Die Milch wird dazu im Wasserbad so schnell wie möglich auf etwa 70 °C erhitzt und sofort wieder auf die Temperatur zum Einrühren der Säurekultur heruntergekühlt. Das Pasteurisieren bietet eine gewisse Sicherheit, dass sich bei der Weiterverarbeitung nur die erwünschten zugesetzten Milchsäurebakterien vermehren. Zum Erhitzen setzt man die mit Milch gefüllte Schüssel in einen dafür reservierten Kochtopf, der so groß ist, dass die eingesetzte Schüssel den Boden des mit wenig Wasser gefüllten Topfes nicht berührt. Durch das Erhitzen des Wassers ist die gewünschte Temperatur schnell erreicht. Damit sich keine Haut auf der heißen Milch bildet, wird immer wieder umgerührt. Zum Abkühlen wird die Schüssel in die Spüle gesetzt und man lässt so lange kaltes Wasser laufen, bis das Milchthermometer 25 bis 30 °C anzeigt. Wichtig: Es darf kein Wasser in die Milch laufen!

Ansäuern

Als Säurekultur kann normale Buttermilch zugesetzt werden. Sie muss aber sehr frisch (Haltbarkeitsdatum noch mindestens 14 Tage) und darf nicht wärmebehandelt sein. Sonst sind die benötigten Milchsäurebakterien bereits abgestorben und es kann kein gezielter Säuerungsprozess bei der Milch eingeleitet werden. Ein Viertelliter Buttermilch sind für 4 Liter Milch ausreichend. Nachdem die Sauermilch eingerührt ist, bleibt der Ansatz abgedeckt mit einem Küchentuch etwa eineinhalb bis drei Stunden bei Raumtemperatur stehen. In dieser Zeit beginnen die Milchsäurebakterien sich zu vermehren. Dieser Prozess verläuft umso schneller, je wärmer der Raum ist, in der die Milch steht. Es muss jeder für sich herausfinden, welche Säuerung ihm am besten schmeckt.

Ausfällen mit Lab

Nach dieser Inkubationszeit werden 1-2 Tropfen Lab, bei einer Labstärke von 1:15 000, zugesetzt. Wird das Labferment überdosiert, kann das Produkt schnell bitter schmecken. Das Lab wird in ein wenig kaltes Wasser eingerührt, damit es sich besser in der Milch verteilen lässt. Je saurer die Milch, desto weniger Lab wird benötigt. Abgedeckt, aber nicht luftdicht verschlossen, ruht die Milch etwa 12 bis 18 Stunden. Zwischenzeitliche Kontrollen sind erlaubt, die Milch darf dabei aber weder geschwenkt noch geschüttelt werden. Bei mittlerer Raumtemperatur sollte die Milch nach spätestens 18 Stunden dickgelegt (siehe Seite 140) sein, mit leicht grünlicher Molke an der Oberfläche. Diese Gallerte wird mit einem langen, scharfen Messer oder einem U-förmig gebogenen Draht aus Edelstahl in möglichst gleich große Würfel von etwa 2-3 cm Kantenlänge vorsichtig geschnitten. Innerhalb von 30 Minuten tritt dann die Molke weiter aus und die geschnittenen Würfel beginnen bei Bewegung der Schüssel leicht zu schwimmen. Ist bis hierhin alles geglückt, kann nicht mehr viel schief gehen.

Jetzt wird der so entstandene Bruch zum völligen Ablaufen der Molke verschöpft. Zum Ablaufen der Molke kann ein Käsetuch oder ein anderer feinmaschiger Baumwollstoff mit mehreren Wäscheklammern abrutschsicher über dem Rand eines möglichst großen Kochtopfes befestigt werden. Der Bruch wird mit einer gelochten Schöpfkelle langsam eingefüllt. Die in dem Tuch allmählich erkennbare Käsemasse darf aber nicht mehr in die sich am Topfboden sammelnde, abgelaufene Molke eintunken. Da vollständig ohne Konservierungsstoffe gearbeitet wird, sollte der Abtropfvorgang von etwa 10-12 Stunden, bei hohen Temperaturen im Sommer in einem kühlen Raum ablaufen. Es kann auch nach einigen Stunden das Tuch zusammengeknüpft und durch leichtes, langsames Pressen etwas nachgeholfen werden, um das Ablaufen zu beschleunigen. Die nötige Festigkeit der Käsemasse ist erreicht, wenn sich nach dem Aufknüpfen der Käse leicht vom Tuch lösen und wie eine Kugel hin und her rollen lässt. Aus dieser Grundmasse können nun verschiedene, köstliche Brotaufstriche oder auch Süßspeisen hergestellt werden.

Kräuterfrischkäse

Die gut abgetropfte Käsemasse wird mit dem Mixer oder in der Küchenmaschine mit Salz und ein wenig Pfeffer cremig geschlagen. Folgende Zutaten sorgen für den guten Geschmack: Klein geschnittene Frühlingszwiebeln oder Schnittlauch, getrocknete oder frische Kräuter aus dem Garten, Kapuzinerkresse mit Blüten, Blättern und Stielen schmeckt angenehm pfeffrig, nach Bedarf kann frischer Knoblauch oder Knoblauchpulver dazugegeben werden. Wer es süß mag, rührt zerdrückte Banane oder Ananas mit etwas Curry und Cayennepfeffer oder Zucker unter die Grundmasse. Auch Variationen mit Senf, gekochten Eiern, Tomatenketschup, klein geschnittenen Essiggurken, und anderem können ausprobiert werden. Wenn es schmeckt, weitersagen, wenn nicht, einfach vergessen. Bei den Rezepten kann man der Fantasie freien Lauf lassen.

Zur etwas längeren Bevorratung eignen sich Käsebällchen eingelegt in Kräuteröl. Damit die fertige Grundkäsemasse auch wirklich trocken und ausreichend entmolkt ist, kann der Kloß in einem Haarsieb noch ein oder zwei Tage im Kühlschrank verbleiben. Danach wie bei einem Kuchenteig Salz eingearbeitet, mit nassen Händen kleine Kugeln geformt, auf ein Brett gelegt und wieder gekühlt. Diese Käsebällchen werden in verschließbare, kochend heiß ausgespülte Deckelgläser im Wechsel mit Sonnenblumenöl und Kräutern eingelegt.

Die frischen Kräuter, ob gekauft oder aus dem eigenen Garten, die geschälten Knoblauchzehen und eventuell auch ganze Pfefferkörner werden vorher blanchiert: 30 Sekunden in kochendes Wasser getaucht und gleich in eiskaltes Wasser geschöpft. Sonst bilden sich mit der Zeit auch im geschlossenen und gekühlten Glas unansehnliche Schlieren oder gar Schimmel. So eingelegt und im Kühlschrank aufbewahrt, hält sich der Käse mehrere Monate, wenn er bis dahin nicht schon aufgegessen ist. Die frischen Käsebällchen können auch in gestoßenem Pfeffer, Paprika, anderen Gewürzen und Kräutern gewälzt werden. Etwa nach einer Woche Aufbewahrung im Kühlschrank sollten sie dann aber verzehrt sein.

Jogurt herstellen

Jogurt aus Schafmilch ist gerade in der heißen Jahreszeit eine Köstlichkeit und die Herstellung, zum Beispiel mit Hilfe eines elektrischen Jogurtbereiters für den Hausgebrauch, denkbar einfach. Für eine Partie mit acht Gläsern werden knapp 1,5 Liter Milch benötigt. Geeignete Jogurtkulturen gibt es im Bioladen oder Reformhaus. Es kann genau nach der Anleitung auf der Packung vorgegangen werden. Sauberes Arbeiten ist auch hier Voraussetzung, damit der gute Geschmack des Produktes durch Fremdinfektion nicht verdorben wird. Daher alle Geräte vorher mit ausreichend kochendem Wasser spülen.

Die Milch wird im Wasserbad bis nahe an den Siedepunkt erhitzt und anschließend auf die nötige Bebrütungstemperatur heruntergekühlt. Dann in die warme Milch einen Beutel Jogurtferment mit dem Schneebesen einrühren, bis das Pulver völlig aufgelöst ist. Die so beimpfte Milch in die vorgewärmten, vorher kochend heiß ausgespülten, Gläser des Jogurtbereiters verteilen und mit dem Deckel fest verschließen. Das Gerät hält konstant die ideale Bebrütungstemperatur von 42 °C. Den ersten Ansatz 7-8 Stunden fermentieren lassen. Bei allen folgenden Ansätzen verkürzt sich die Reifungszeit auf 4-5 Stunden. Je länger der Jogurt fermentiert wird, umso mehr Milchsäure wird gebildet und umso kräftiger wird er im Geschmack. Während der Fermentation sollten Erschütterungen des Gerätes vermieden werden, also zum Beispiel nicht auf einen Kühlschrank stellen.

Nach der Fermentierung zur Ausbildung des vollen Aromas, lässt man die Gläser etwa 12 Stunden im Kühlschrank reifen. Von jeder Partie kann ein halbes Glas aufbewahrt und damit die nächste Milch beimpft werden. Dies kann bis zu zwanzig Mal wiederholt werden, ehe ein neuer Beutel Fermentpulver eingesetzt werden muss. Ungeöffnet ist das Jogurtferment im Beutel bei einer Aufbewahrungstemperatur von 4-6°C mindestens 12 Monate haltbar. Damit die laufende Produktion nicht unterbrochen werden muss, ist die Anschaffung eines zweiten Gläsersatzes hilfreich. Wird der Jogurt nicht fest oder schmeckt er fad, sollte man die Herstellungsschritte nochmals überprüfen, den Ansatz nicht verzehren und mit einem weiteren Beutel einen neuen Versuch starten. Im Kühlschrank aufbewahrt, ist der Jogurt etwa eine Woche haltbar. „Guten Appetit".

> **Info: Kleine Jogurtgeschichte**
> Der Jogurt wurde im 7. Jahrhundert von den Bulgaren weiter nach Westeuropa gebracht. Die hohe Lebenserwartung dieser Menschen führte man auf ihre Lieblingsspeise, den Jogurt, zurück. Er wurde deshalb auch „Die Milch des langen Lebens" genannt.

Fuchsvisite

Den ganzen Mai schon habe ich nach ihnen Ausschau gehalten und heute beobachte ich zum ersten Mal die Fuchswelpen am Waldrand. Neugierig, langsam und zögernd, wagen sie sich aus dem Schutz der Hecke bis zur Schafweide vor. Meine Anwesenheit in der Stalltür scheint sie nicht sonderlich zu beunruhigen.

Ich kenne den Fuchsbau im dichten Unterholz. Seit einigen Jahren schon zieht die Fähe ihre Jungen in de Nähe des Schafstalles auf. Die Mütter der Lämmer haben keine Probleme damit. Das Nahrungsangebot zur Aufzucht der Fuchskinder scheint ausreichend zu sein. Wir haben noch kein Lamm durch die Fuchsmutter verloren und seit zwei Gänse im Hühnerhof leben auch keine Küken mehr. Ob Nachbars Katze oder ein unangemeldeter Gast, jeder wird von den Gänsen im Gehege mit lautem Spektakel vertrieben. Auch manchmal nachts, im gemeinsam bewohnten Hühnerstall, wenn sich Eierdiebe in Form von Mardern einfinden, gibt es ein lautes Getöse. Die suchen dann schnell das Weite. Solange die Hühner verschont werden und noch genügend Eier für die Familie übrig bleiben, ist das auch in Ordnung.

Ein ganz in der Nähe von einem Auto angefahrener junger Fuchs mit einer offenbar starken Kopfverletzung, den ich versucht habe, gesund zu pflegen, ist auf Tollwut und andere Infektionskrankheiten untersucht worden. Das Ergebnis der Blutprobe war negativ. Nach Aussage des Labors war der Jungfuchs bereits in einem Alter, in dem eine ausreichende sichere Diagnose gestellt werden kann. Es kann davon ausgegangen werden, dass eine Tollwutinfektion auch bei den anderen Mitgliedern der Fuchsfamilie wenig wahrscheinlich ist. Eine doch irgendwie beruhigende Feststellung.

Juni

Um die Junimitte spricht man von
der so genannten Schafskälte.
Sie bringt eine Senkung der Temperatur
und höchste Niederschlagsneigung mit sich,
und dauert etwa eine Woche.
Die Schafe empfinden diese Kälteperiode
besonders, weil sie dann ihre
warme Winterwolle vermissen.

Wenn der Holunder blüht, ist es Juni. Scheint noch häufig die Sonne und ist es tagsüber halbwegs trocken, dann macht die Schafzucht wieder einmal so richtig Spaß. Die Lämmer sind rund und knackig, den ganzen Tag auf der Weide und abends „hundemüde". Heute ist so ein Bilderbuchtag: Nicht zu heiß, ab und zu Wolken, ein leichter Wind und keine Schwüle. Die rund um den Stall gepflanzten, blühenden Holundersträucher verströmen einen aromatischen Duft. Er dringt bis in den Schafstall ein und zusammen mit den unter dem Stalldach aufgehängten Melisse- und Minzesträußen lässt er das Stallklima auch bei 25 °C Wärme für uns Menschen angenehm erscheinen.

Die lästigen Fliegen werden von der emsig fütternden Rotschwänzchenmutter immer wieder dezimiert. Noch ein paar Tage, dann sind die Jungen flügge und werden das Nest und bald auch den Stall verlassen. Ich hoffe, nur bis zum nächsten Jahr. Die kurze Zeit der Holunderblüte wird genutzt um von den gerade aufgeblühten, abgeschnittenen und in Teig getauchten weißen Dolden leckere Pfannkuchen auszubacken. Mit Zucker bestreut und einer heißen Tasse Kaffee am Abend, ist nach getaner Arbeit eine Köstlichkeit.

Nachmähen

Da es immer wieder ausreichend Niederschläge gegeben hat, ist der Weideaufwuchs gut. Bei einem Rundblick über alle Parzellen wird sichtbar, welche Stellen die Schafe verschmäht und sorgsam umweidet haben. Wie immer um diese Jahreszeit ist ein Nachmähen der gesamten Grünfläche vorgesehen. Kann das Mähgut bei sonnigem Wetter mindestens ein bis zwei Tage antrocknen, werden auch Brennnesseln, weiche Jungdisteln, harte Gräser und ähnlich kratzende Wildkräuter von den Schafen gerne gefressen. Was dann noch liegen bleibt, wird als Dünger dem Boden wieder zurückgegeben.

Der Aufwand lohnt sich. Da das regelmäßige Nachmähen den Neuaustrieb erwünschter Gräser und Kräuter anregt, sehen die Weiden nach kurzer Zeit wieder aus wie neu. Man muss nur ein paar trockene Tage hintereinander erwischen. Verregnete, nasse Gräser, Brennnesseln oder Disteln können auch abgemäht die Schafe nicht begeistern. Sie lassen sie liegen.

Entwöhnung der Lämmer

Die Milchquellen der Mütter werden immer noch reichlich genutzt. Die Lämmer sind jetzt schon so groß, dass sie beim Trinken die Hinterteile ihrer Mütter regelrecht hochheben. Auch die Striche werden beängstigend in die Länge gezogen. Den Müttern scheint das jedoch nichts auszumachen, sie erfüllen weiterhin begeistert ihre Pflicht. Durch die schon vor Wochen vorgenommene nächtliche Trennung aller Lämmer von den Mutterschafen, ist das Geschrei jetzt bei der endgültigen Entwöhnung nicht mehr ganz so groß. In erster Linie sind es jetzt die Schafmütter die ihren verlorenen Söhnen und Töchtern noch eine Weile nachweinen.

> **Tipp: Geschlechtsreife der Jungböcke**
> Allmählich wird es Zeit, einmal mehr auf die heranwachsenden Böcke zu achten. Die Ende Januar Geborenen werden allmählich und manchmal auch „ganz plötzlich" geschlechtsreif. Das Gerangel geht schon eine Weile vonstatten und einige Jungböcke belästigen die Altschafe und Geschwister.

Gesellschaft bieten

Auch die Mutterlämmer der älteren Schafe sind jetzt, da zwei Mal am Tag gemolken wird, voll entwöhnt. Einige Jährlingsschafe, welche das erste Mal gelammt haben, dürfen ihre Lämmer tagsüber noch behalten. Sie werden nur in Ausnahmefällen, wenn zum Beispiel nur ein Lamm geboren wurde, regelmäßig gemolken. Diese Jungtiere sind noch voll in der Wachstumsphase und dürfen im ersten Jahr ausschließlich den Lämmern zur Verfügung stehen. Die Milchproduktion in diesem Alter lässt in der Regel bereits im Spätsommer nach und versiegt dann im Herbst allmählich ganz. Das Entwöhnen der immer noch betreuten Lämmer vollzieht sich somit von selbst. Aber auch hier gibt es Ausnahmen und eine regelmäßige Euterkontrolle darf nicht versäumt werden. Das Auseinanderreißen des kleinen Familienverbandes, der jetzt in drei Gruppen aufgeteilt ist, macht den isolierten Mutterlämmern doch ein wenig zu schaffen. Sie fühlen sich ziemlich allein gelassen. Die Gesellschaft eines älteren Schafs, welches keine Lämmer mehr bekommt und irgendwie dem Metzger entgangen ist, schafft Abhilfe.

Trennung der Böcke

Da nicht schon im Spätherbst Lämmer geboren werden sollen, wird auch der Deckbock von der Herde getrennt. Das Ostfriesische Milchschaf ist sehr fruchtbar und frühreif. Häufig sind die Mutterlämmer schon im Alter von sechs Monaten zur Nachzucht bereit. Sollen es kräftige, leistungsstarke und widerstandsfähige Muttertiere werden, ist es sinnvoll, sie erst im Alter von etwa acht Monaten dem Deckbock zuzuführen. Letzterer bleibt jetzt zusammen mit seinen Söhnen Tag und Nacht auf der Weide. Es genügt ein Unterstand, der Schutz vor anhaltendem Regen bietet. Dort wird ihnen auch abends das Zusatzfutter angeboten. Hier können sie sich untereinander die nicht vorhandenen Hörner abstoßen, ohne viel Schaden anzurichten. Wenn man Glück hat, bleiben sie auch da und es entpuppen sich nicht noch einige als „Springböcke", die immer wieder auch über mehrere Zäune hinweg versuchen, zu ihren geliebten Müttern zu gelangen.

Die im Sommer außerhalb des Stalles aufgehängten und von den Schafen reichlich benutzten weißen Salzlecksteine werden nicht nur von den Tieren sondern auch vom Regen verkleinert. Es müssen dringend neue besorgt werden.

Besuch vom Wanderschäfer

Ein Wanderschäfer ist mit seiner Herde durch unser Dorf gezogen. Viele Kinder und auch Erwachsene stehen am Straßenrand und erfreuen sich an diesem Anblick. Ohne zu murren fegen sie die Straße hinterher wieder sauber und nehmen es relativ gelassen hin, dass die ein oder andere Pflanze im Vorgarten etwas dezimiert wird. Die Tiere sind schon von Weitem zu hören und auch an unserer Weide marschieren sie vorbei. Die Milchschafe, besonders die Muttertiere, sind aufgeregt und geben fleißig Antwort.

Ich kenne den Schäfer. Anfangs gab er sich ziemlich wortkarg, aber mittlerweile wird schon ein wenig miteinander gefachsimpelt. Der Job ist hart, aber er liebt seinen Beruf und kann sich nicht vorstellen, etwas anderes zu machen. Da im Dorf ein Überangebot an Weideland vorhanden ist, kann der Schäfer mit seinen Tieren eine große Fläche mit gutem Aufwuchs nutzen. Wollen die Besitzer nicht, dass ihr Land von Schafherden beweidet wird, stellen sie eine Strohpuppe auf und der Schäfer meidet die Fläche. Diese Herde hier wird ein paar Tage bleiben. Am Abend kommt noch ein Gehilfe und der Wohnwagen wird am Waldrand abgestellt. Den ganzen nächsten Tag sind beide mit Klauenpflege beschäftigt. Die Bewachung der Herde übernehmen die beiden gut ausgebildeten Hunde.

Der Wetterkundler

Der Schafhirte war Jahrhunderte lang in den Dörfern eine bedeutsame Gestalt, der Jung und Alt mit dem größten Respekt begegneten. Besonders als Wetterprophet besaß er einen legendären Ruf. Wer Tag für Tag in freier Natur mit den Tieren lebte und mit ihnen durch Wiesen, Felder und Wälder zog, der hatte noch ein gutes Gespür für die „Sprache" der Tiere und die Gewohnheiten der Natur. Damals konnte man noch nicht Rundfunk oder Fernsehen einschalten, um den Wetterbericht anzuhören. Man verließ sich auf den Hirten. Auch heute gibt es noch Landwirte, die seine Voraussage höher bewerten als die der Messinstrumente der Meteorologen.

Altes Kräuterwissen

Die starke Naturverbundenheit verlieh dem Hirten zwangsläufig auch ein großes Wissen und Kenntnisse über die Heilkraft der vielen Kräuter, denen der Hirte beim täglichen Weidegang begegnete. Viele davon werden auch heute noch als unersetzliche Bestandteile in den jetzt fabrikfertig gelieferten Medikamenten eingesetzt. Der Hirte lernte durch Beobachtung der Tiere die heilsamen Kräfte der Natur auch seinem eigenen Wohlbefinden nutzbar zu machen. Die Tiere fühlen instinktiv und unbeirrbar, welche Kräuter für ihre mögliche Erkrankung die richtigen und für sie von Nutzen sind. Wird so ein Naturgeschöpf krank, sucht es Einsamkeit, Ruhe und Entspannung. Von Fieber befallene Tiere suchen kühle, schattige, am Wasser gelegene Orte auf. Sie fressen wenig oder gar nicht und trinken viel bis es ihnen wieder besser geht. Andererseits wird ein von Gliederschmerzen geplagtes Tier sich eher einen ruhigen Platz in der wärmenden Sonne suchen.

Eine Kräuterecke für Schafe

Das Schafe ganz spezielle Feinschmecker sind und nicht nur unbedingt Gras auf der Weide fressen, ist allgemein bekannt. Sie suchen sich zuerst immer nur die besten und schmackhaftesten Kräuter heraus. Das was sie nicht so gerne mögen, wird erst einmal verschmäht. Ist reichlich Weide vorhanden, bleiben dann überall gut sichtbar, die hohen, weniger schmackhaften Gräser stehen. So manches Kraut aber, und ist es noch so winzig, wird immer wieder, sobald es aus dem Boden kommt, begierig abgeweidet. Die Schafe wissen genau, was ihnen schmeckt und gut bekommt. Unsere häufig mit reichlich Stickstoff angereicherten Schafweiden sehen zwar sehr schön dunkelgrün und saftig aus, bieten aber, was Wildkräuter angeht, wenig Abwechslung. Vor einiger Zeit habe ich, eigentlich mehr durch Zufall festgestellt,

> **Tipp: Nützliche Kräuter**
> In einem alten Kräuterbuch konnte ich nachlesen, dass auch Garten- und Küchenkräuter wie Melisse, Minze, Beinwell, Ysop oder einfach nur Brennnesseln, schon in früheren Zeiten als Schafbeifutter beliebt waren. Bei so manchem Unwohlsein der Tiere wurden sie ihrem bekannten Heilerfolg entsprechend unters Futter gemischt.

Die Schafe suchen sich die besten und schmackhaftesten Pflanzen zuerst heraus.

dass meine Schafe die Abfälle und Überstände aus dem Kräutergarten begierig verzehrten.

Inzwischen habe ich speziell für meine Schafe eine Auswahl pflegeleichter und winterfester Kräuterstauden in einer Gartenecke angepflanzt. Auch ein Stück sicher eingezäunte Weide ist gut geeignet. Brennnesseln brauchte ich nicht extra anzupflanzen. Die gedeihen auch so überall und müssen eher reduziert werden. Auch bei Himbeeren ist Vorsicht geboten. Einmal irgendwo hingepflanzt, wird man sie nicht mehr los. Sie erscheinen bald überall und können ausgesprochen lästig werden. Am liebsten sind sie mir hinter dem Weidezaun, wild wachsend.

In diesem Jahr habe ich es für meinen Schafbestand (neun Tiere), wie folgt gehalten: Als die ersten Pflanzen (Melisse, Minze, Brennnesseln, Eberraute und Beinwell) groß und kräftig genug waren, so ab Mitte Mai, begann ich mit dem ersten Rückschnitt. Die wöchentliche Ernte ergab etwa einen 10 l-Eimer voll. Die Stängel und Blätter wurden klein geschnitten und gut gemischt abends in den Kraftfuttertrog geschüttet. Brennnesseln werden nur gefressen, wenn sie möglichst klein geschnitten und ein bis zwei Tage angetrocknet sind. Dann brennen sie auch nicht mehr.

Junge Pflanzen, wie Heu behandelt, können auch in größeren Mengen dem normalen Wiesenheu zugefügt und dann verfüttert werden. Einige Pflanzen, wie Eberraute und Salbei, werden von den Schafen nicht so gerne gefressen. Mit etwas Kraftfutter vermischt, wird jedoch alles vertilgt. In der Regel schneide ich zuerst von dem Kraut, was gerade am meisten hergibt. Bei Minze bin ich eher etwas zurückhaltender.

Planung des Kräuterbeets

Vor dem Pflanzen sollte die Reihenfolge der einzelnen Sorten gut überlegt sein, da sie unterschiedlich in Wuchshöhe und Ausbreitung sind. Ganz nach hinten wird der bis 1,5 Meter hoch werdende **Beifuß** gesetzt. Am sichersten steht er an einem Zaun, wo er festgebunden werden kann. Im Spätsommer, wenn die Pflanze ihre volle Größe erreicht hat, kippt sie leicht vorne über und verdeckt die übrigen Gewächse. Ich habe drei Stauden im Seitenabstand von 50 cm gepflanzt. Dann folgt der sehr in die Breite gehende, etwa 60 cm hoch werdende **Beinwell**. Zwei Pflanzen genügen. Abstand zum Beifuß mindestens 1 Meter. **Melisse** und **Pfefferminze** haben etwa gleichstarke Arme und vertragen sich gut miteinander. Wenn die Pfefferminze allerdings nicht in ihre Schranken gewiesen wird, findet sie sich bald auch außerhalb des Beetes wieder. Wurzelstücke, einmal auf den Kompost geworfen, sind fast unausrottbar. Melisse sät sich bereits im zeitigen Sommer von selbst aus und ist dann leicht zu verpflanzen. Deshalb genügt nur ein Wurzelstock für den Anfang. Wichtig ist, dass das Beet groß genug ist, damit sich die Pflanzen gut ausbreiten können.

Weiter vorne stehen ein oder mehrere Stauden **Eberraute**, **Salbei** und **Ysop**. Bleibt am Anfang zwischen den Stauden genügend Platz, wachsen sie zu kräftigen, winterharten Stauden heran. Sie können dann das ganze Jahr über regelmäßig geschnitten werden. In die anfangs noch freien Lücken kann der Samen von **Borretsch** und **Kapuzinerkresse** gestreut werden. Ganz vorne ist Platz für einige **Gundermannpflanzen**. Diese vermehren sich als Bodendecker so stark, dass bald keine unerwünschten Wildkräuter mehr aufkommen können, so dass die ganze Anlage bald eine geschlossene Decke bildet. Die beste Zeit, mit der Anlage solch eines Kräuterbeetes zu beginnen, ist der Herbst oder das zeitige Frühjahr. An feuchten Herbsttagen, wenn die Pflanzen aufhören zu wachsen oder im Frühjahr, wenn nach den ersten frostfreien Tagen die neuen Triebe der Pflanzen gerade zu erkennen sind, lassen sich Beifuß, Melisse, Pfefferminze, Eberraute, Salbei oder Ysop am besten teilen und umpflanzen.

Aus Nachbars Garten

Bevor ein Kauf dieser Pflanzen in Erwägung gezogen wird, empfiehlt es sich, erst einmal bei Nachbarn, Freunden oder Bekannten mit Garten nachzufragen. Die aus dem Garten entnommenen Pflanzen sind meist kräftiger und auch billiger als die gekauften und wachsen besser an. Beinwellpflanzen kann man auch aus der freien Natur entnehmen. Sie wachsen gerne an Bachrändern und feuchten

---

Pflanzen für den Kräutergarten

Ein Kräuterstaudenbeet für Schafe ist nicht nur nützlich, sondern auch sehr schön. Borretsch, Kapuzinerkresse und Ysop blühen bis zum ersten Frost. Falls doch Pflanzen gekauft werden müssen, finden Sie hier noch einmal die genaue Bezeichnung der oben genannten – gepflanzt wird im Frühjahr oder Herbst:

Gemeiner Beifuß: *Artemisia vulgaris*
Gemeiner Beinwell (Borretschgewächs): *Symphytum officinale*
Pfefferminze: *Mentha piperita*
Zitronenmelisse: *Melissa officinalis*
Ysop: *Hysopus officinalis*
Salbei, echter: *Salvia officinalis*
Eberraute: *Artemisia abrotanum*
Gundermann: *Glechoma hederacea*

Gundermann, Beifuß und Salbei eignen sich für den Kräutergarten…

Wiesen. Sie gedeihen aber auch in jedem guten Gartenboden. Gundermann ist die Pflanze, welche sich in jedem Gemüse- und Blumengarten als lästiges, kriechendes, rankendes, endlos wirkendes Unkraut findet. Hier im Kräuterstaudenbeet ist es aber ein willkommener Lückenfüller. Ähnliche Aufgaben haben auch die Kapuzinerkresse und der Borretsch. Beide sind leicht aus Samen zu ziehen. In jedem Frühjahr keimen einige Samenkörner, die den Winter überstanden haben und sorgen für genügend neue Pflanzen. Es sollte aber auch darauf geachtet werden, dass im Spätsommer einige Exemplare nicht mehr geschnitten werden. So haben die Samen genügend Zeit zum Ausreifen.

Aus der Apotheke der Natur

Lange Zeit fast vergessen, sind Arzneimittel aus dem Pflanzen-, Mineral- und Tierreich heute wieder in Mode gekommen. Naturheilkundliche Medikamente, von ausgebildeten, erfahrenen Therapeuten verordnet, wirken – richtig dosiert – sanft und schonend bei Mensch und Tier und das auch ohne schädigende Nebenwirkungen. Ob Hund, Katze,

Aus der Apotheke der Natur

...ebenso wie Beinwell (links), Brennnessel (Mitte), Borretsch (rechts) und...

Wiederkäuer oder Federvieh, Rückstandsprobleme gibt es hier keine. Seit ich selbst Milchschafzüchterin bin, sind mir zum Beispiel Johanniskrautöl und Calendulasalbe in der Stallapotheke unentbehrlich geworden.

Johanniskraut

Johanniskraut (*Hypericum perforatum*), auch Hartheu genannt, erscheint schon in den Kräuterbüchern des Mittelalters, wo es seiner heilenden Wirkung wegen hoch gepriesen wird. Es ist zur äußeren Anwendung in Form von Öl und Tinktur und auch als homöopathisches Medikament einsetzbar. Johanniskrautöl ist leicht selbst herzustellen. Die Pflanze blüht von Juni bis September an Böschungen und auf mageren Wiesen. Jedes Jahr im Sommer verschaffe ich mir einen neuen Vorrat, der gerade bis zur neuen Ernte reicht.

Johanniskraut enthält als Hauptinhaltsstoff die rot aufleuchtende Substanz Hypericin. Johanniskraut hilft bei Nervenschmerzen, bei oder nach Verletzungen und bei Verbrennungen. Es wirkt Blut stillend, entzündungshemmend und fördert enorm die Wundheilung. Hautverletzungen bei der

Schur heilen nach zwei- bis dreimaligen Einreiben mit Johanniskrautöl schnell und ohne Entzündung ab. Außerdem vertreibt der Geruch die Fliegen und Mücken. Größere Verletzungen – wenn sie nicht chirurgisch vom Tierarzt behandelt werden müssen, wie zum Beispiel Risse, verursacht durch Dornen oder Stacheldraht – werden wie folgt behandelt: Eine Mischung aus Johanniskrautöl und Calendulasalbe (Ringelblume) wird direkt in die offene Wunde vorsichtig einmassiert. Sind die Wunden geschlossen, reicht als Nachsorge eine mehrmalige Einreibung mit Calendulasalbe. Wird Johanniskraut in hohen Dosen verzehrt, kann es zu einer Überempfindlichkeit gegenüber Sonnenlicht kommen.

Die Herstellung von Johanniskrautöl

200 bis 250 g frisch gepflückte Blüten werden etwas zerstampft, in eine weithalsige Flasche gefüllt und mit 1 Liter kaltgepresstem Olivenöl übergossen. Die Flasche etwa 14 Tage am Fenster in die Sonne stellen, abseihen, den Rest auspressen und das Öl in einer dunklen Flasche kühl und dunkel lagern.

Das Kraut möglichst bei Sonnenschein sammeln und stark befahrene Straßen meiden. Wer keine frischen Blüten sammeln kann oder will, stellt eine Tinktur her. Etwa 10 g getrocknetes Kraut aus der Apotheke werden mit 70- bis 90-prozentigem Alkohol übergossen (zum Beispiel Weingeist aus der

...Johanniskraut (links) die Ringelblume Calendula (rechts).

Apotheke). Auch diese Mischung bleibt 14 Tage (ohne Sonne) stehen, wird abgeseiht, ausgepresst und die Tinktur ist fertig.

Ringelblume

Die Heilkraft der Ringelblume schenkt der Calendulasalbe ihre wundheilende und schmerzstillende Wirkung. Auch die Ringelblume, welche in jedem Garten problemlos angebaut werden kann, gilt schon seit langem als bewährtes Mittel bei der Wundbehandlung. Sie wirkt reinigend, zusammenziehend und zirkulationsanregend. Ihre natürlichen Wirkstoffe führen von Verletzungen mit äußerlicher Gewebezerstörung bis hin zur Behandlung von Wund- und Operationsnarben zu einer schnellen Heilung und Linderung der Schmerzen.

Calendulasalbe eignet sich hervorragend zur Behandlung von Sonnenbrand. Sie ist, wenn sie nicht selbst hergestellt werden kann, in jeder Apotheke erhältlich.

Die Herstellung von Calendulasalbe

–100 g Blütenköpfe
–100 g Schaf- oder Schweinefett

Das reine Fett (Schmalz) wird in einem großen Topf erhitzt. Dazu werden die durch den Fleischwolf gedrehten Blütenköpfe gegeben. Alles einmal kurz – etwa 1 Minute – aufkochen und 12 bis 20 Stunden stehen lassen. Die Masse nochmals langsam erwärmen, bis sie flüssig wird und durch ein Tuch (Mullwindel) drücken. Die fertige Salbe in kleine Behälter füllen, verschließen und kühl aufbewahren.

Wer eine Zentrifuge besitzt, kann sich das Filtern sparen und den gewonnenen Saft in das erhitzte Fett einrühren. Diese Salbe muss möglichst bald verbraucht werden, da sie sonst ranzig wird. Sie ist dafür aber frei von Konservierungsstoffen. Die Tuben aus der Apotheke sind länger haltbar. Im Sommer, wenn blühende Ringelblumen zur Verfügung stehen, ist der frisch gewonnene Blütensaft besonders gut zur Reinigung und Heilung offener Wunden geeignet. Auch fabrikfertig hergestellte Produkte aus Schafwollfett lassen sich mit einigen Tropfen frisch ausgepresstem Calendulasaft in ihrer Wirkung noch verbessern. Die Creme muss nur etwas erwärmt werden, damit sich der heilende Saft besser mit der Masse verbindet.

Das Kombinationsheilmittel Traumeel

Das Mittel Traumeel gibt es rezeptfrei in jeder Apotheke und zwar als Salbe zum Auftragen, als Tropfen und Tabletten zum Einnehmen und als Injektionslösung. Es enthält Grundstoffe und homöopathische Arzneimittel aus dem Pflanzen- und Mineralreich. Auf Grund dieser Einzelbestandteile ergeben sich vielerlei Anwendungsmöglichkeiten. Es ist bei Mensch und Tier fast unbegrenzt einsetzbar bei Verletzungen wie Verstauchungen und Verrenkungen, Prellungen, Blut- und Gelenkergüssen, Knochenbrüchen, postoperativen und posttraumatischen Ödemen und Weichteilschwellungen. Ebenso bei entzündlichen, degenerativen Prozessen an den verschiedenen Organen und Geweben, auch am Stütz- und Bewegungsapparat sowie bei Arthrosen der Hüfte, der Knie und der kleinen Gelenke.

> **Info: Homöopathische Mittel**
> Beim Einsatz von homöopathischen Einzelmedikamenten ist vorher unbedingt ein mit der Verordnung dieser Medikamente erfahrener Therapeut zu konsultieren, da sonst in vielen Fällen aus Unkenntnis an der Krankheit „vorbei" behandelt wird.

Der Einsatz des Kombinationsheilmittels Traumeel, ob innerlich in Form von Tropfen oder Tabletten oder äußerlich als Salbe, ist auch für den in der Naturheilkunde weniger erfahrenen Schafhalter problemlos. Traumeelsalbe in der Schafzucht kann eingesetzt werden bei Verletzungen jeglicher Art an Beinen, Augen, Ohren, Euter und allen anderen Körperteilen sowie in der Nachsorge bei Behandlungen durch den Tierarzt. Sie kann bei traumatischen Verletzungen und auch direkt auf offene Wunden aufgetragen werden. Ist der Strichkanal verletzt, wird mittels Salbeneingeber oder Einwegspritze (ohne Nadel!) die möglichst angewärmte und daher weichere Salbe, direkt in den Zitzenkanal eingegeben. Die Salbe kann auch bedenkenlos von den Tieren abgeleckt werden, was sie sehr gerne tun. Sie wirkt dann zusätzlich ähnlich wie Tropfen oder Tabletten. Bei organischen Erkrankungen und Entzündungen, ob die Diagnose nun exakt feststeht oder unspezifisch ist, kann Traumeel als Begleittherapie auf jeden Fall eingesetzt werden. Dies gilt im Großen und Ganzen für alle Vier- und auch Zweibeiner.

Insektenstiche

Eines Abends beim Heimtrieb der Tiere entdeckte ich, dass die rechte Zitze eines Mutterschafes unförmig angeschwollen war. Nach genauer Untersuchung stellte sich heraus: Die Schwellung war offenbar verursacht durch den Stich einer Biene oder Wespe. Die Zitze war stark gerötet und fühlte sich heiß an. Der Einstich war deutlich zu sehen. Bei der kleinsten Berührung gebärdete sich das Schaf wie wild und stampfte auf der Stelle. Es hatte offenbar starke Berührungsschmerzen.

Mit einem in eiskaltem Essigwasser ausgewrungenen Tuch verschaffte ich ihr erst einmal etwas Linderung. Zuerst wurde die Zitze, dann das gesamte Euter vorbeugend mit einem frisch aufgebrühten Sud aus Kamillenblüten lauwarm abgewaschen. Vorne eine große Portion Kraftfutter, ließ sie sich hinten willig das Euter und die Zitze mit Johanniskrautöl einreiben. Dadurch werden auch meine etwas rauen Hände schön geschmeidig. Das Lamm, welches sie noch führte, wurde erst einmal abgesondert. Bereits am anderen Morgen hatte die

---

Info: Hausmittel aus dem eigenen Garten
Pfefferminze ist eine sehr intensive Heilpflanze. Sie sollte in regelmäßigen, größeren Dosen nur bei Bedarf, also wenn ein Tier nicht ganz in Ordnung ist oder krank erscheint, gefüttert werden. So mische ich zum Beispiel bei Magen- und Darmstörungen vermehrt ein Gemisch aus Melisse, Minze, Beifuß und Beinwell.
Bei **Durchfall** gebe ich Himbeerblätter oder junge Triebe, Eberraute, Minze, Gundermann.
Bei **Husten** oder **Entzündung im Rachenraum** bekommt das Schaf Salbei, Ysop und Kapuzinerkresse. Brennnesseln sind leicht harntreibend und regen die **Nierentätigkeit** an. Eberraute ist ein hervorragendes Mittel zur Unterstützung der leidigen, aber eben doch unbedingt nötigen **Entwurmungen**. Wird es häufig und regelmäßig, eventuell mit Möhren und Knoblauchlaub gefüttert, kann sicher die ein oder andere Wurmkur übersprungen werden. Die ausgegrabene und getrocknete Beinwellwurzel, zu Brei zerquetscht, ist eine wirksame Auflage bei **schlecht heilenden Wunden, Knochenbrüchen und Knochenhautentzündungen**. Auch bei Zerrungen, Prellungen und Blutergüssen ist eine Auflage mit dem Brei der Beinwellwurzel angezeigt. **Wurmkraut** (Eberraute, *Artemisia abrotanum*) fressen die Schafe nicht so gerne wie etwa Beifuß, Minze, Melisse oder Schafgarbe. Es putzt aber den **Darm**.

> **Tipp: Unempfindlich gegen Bienenstiche**
> Wer Schafe in der Nähe von Bienenstöcken halten muss, gibt vorbeugend jedem Tier im Frühjahr eine Tablette „Apis mellifica C 200" (Honigbiene). Dadurch tritt eine gewisse Immunisierung gegen Bienen ein.
> Die homöopathischen Tabletten sind geschmacklos, eher leicht süß, und werden problemlos aus der Hand aufgenommen.

Schwellung deutlich abgenommen und das Schaf ließ sich ohne Mühe ausmelken. Nach drei Tagen war die Schwellung völlig abgeklungen, das Schaf offenbar schmerzfrei und die Temperatur der Zitze normal. Eine Woche lang wurde noch täglich kontrolliert und mit Calendulasalbe eingerieben.

Klauenentzündungen

Der Einsatz von Johanniskrautöl mit einem Gemisch von Calendula- und eventuell auch noch Traumeelsalbe (siehe Seite 60) im entzündeten Zwischenklauenbereich ist ja bereits erwähnt worden. Muss das Klauenhorn sehr weit zurückgeschnitten werden, kommt es zu Verletzungen und Blutungen der schmerzenden Nervenenden. Johanniskrautöl wirkt hier Blut und Schmerz stillend. Die Salben werden durch leichte Erwärmung geschmeidig und lassen sich dann gut mit dem Öl mischen. Der verletzte Fuß des Tieres kann auch in die leicht flüssige Masse eingetaucht werden.

Arzneimittel vor und nach der Geburt

Jetzt sind wir Milchschafzüchter und -züchterinnen schon in der Jahresmitte. Die Lammzeit liegt hinter uns. Viel Aufmerksamkeit und Arbeit standen an. Nicht alle Geburten waren problemlos und trotz bester Pflege und guten Haltungsbedingungen, geht aus welchen Gründen auch immer, nicht in jedem Fall alles so, wie wir es uns wünschen. Die Euter werden häufig, bedingt durch Mehrlingsgeburten, zu stark beansprucht. Entzündungen oder Verletzungen sind die Folge. Die Nachsorge der Mütter nach Schwergeburten kann Probleme machen. Und dann haben die sehnlichst erwarteten Lämmer irgendwann auch noch hartnäckigen Durchfall, wollen nicht so richtig fressen und die tägliche Gewichtszunahme lässt zu wünschen übrig. Auch hier bieten uns die Heilmittel aus der Natur und die Homöopathie eine Fülle von Hilfsmöglichkeiten.

Die wichtigsten Medikamente zur Geburtsvorbereitung

Küchenschelle, blauer Hahnenfuß, auch Frauenwurzel genannt, Arnica sowie Caulophyllum und Sabina. Sabina wird von den frischen Zweigen und Blättern des in Amerika, Asien und Südeuropa wachsenden Sadebaumes gewonnen. Ob wir uns nun für eines oder mehrere Einzelmittel oder eines der bewährten Kombinationspräparate entscheiden, ist nicht so wichtig. Für den meist nicht so erfahrenen Tierhalter ist in der Regel die Kombination vorzuziehen. Alle hier aufgeführten Medikamente gibt es rezeptfrei in der Apotheke.

Mit **Pulsatilla D6** (homöopathisch) etwa, eine Woche vor der zu erwartenden Geburt gegeben, kann eine eventuelle Fehllage des Fötus verhindert und einer Wehenschwäche vorgebeugt werden. Man gibt täglich drei Tabletten oder je 15 Tropfen oral mit einer Einwegspritze ins Maul.

Caulophyllum (homöopathisch) eignet sich ganz besonders für Zweitgebärende, die beim ersten Mal eine Schwergeburt hatten. Es wirkt vorzugsweise auf die Tätigkeit der Uterusmuskulatur ein und führt zu einer

Geburtserleichterung. Ein bis zwei Wochen vor der zur erwartenden Geburt gibt man täglich Tabletten oder Tropfen in D4 oder D6.

Gravidisal ist eine Spezialzubereitung aus Caulophyllum. Auch Gravidisal wirkt auf die Uterusmuskulatur im Sinne einer Geburtsvorbereitung. Wird es einige Tage vor dem zu erwartenden Geburtstermin verabreicht, so ist eine gute Öffnung der Geburtswege und Wehentätigkeit zu erwarten. Gravidisal kann bei allen Tierarten zur Behebung von Schwangerschaftsstörungen, Wehenschwäche, fehlenden Wehen, hartem, wenig geöffnetem Muttermund, bei Blutungen nach Abort, bei Erschlaffung und krampfartigen Zuständen der Gebärmutter eingesetzt werden.

Sollte ein Abort drohen, hervorgerufen durch Fall, Stoß oder starkes Einquetschen bei Gedrängel, wirken **Arnica** oder/und **Sabina** (beide homöopathisch) in der Potenzierung D4 oder D6. Die Mittel können auch im Wechsel gegeben werden und sollten möglichst stündlich verabreicht werden.

Puerperal eine Spezialzubereitung aus Sabina, wird im Nachgeburtsstadium zur Rückbildung der Gebärmutter nach Schwergeburten eingesetzt, krankhafte Flüssigkeitsansammlungen kommen besser zum Abfließen.

Bei Durchfall hilft **Dyzenteral**, eine Kombination aus Arsenicum album, Rheuma (Rhabarber) und Podophyllum (Maiapfel). Durch das Ineinandergreifen dieser drei homöopathischen Mittel gegen Durchfall werden verschiedene Formen dieses Krankheitsbildes erfasst.

Febrisal ist das Fiebermittel: aus Aconitum (Sturmhut), Lachesis und Echinacea. Aber die primären Ursachen von fiebrigen Erkältungen und Verdauungsstörungen bei zum Beispiel wenige Tage alten Lämmern sind in höherem Maße haltungs- und fütterungsbedingte Mängel.

Früherkennung von Krankheiten

Ernsthaft erkrankte Schafe zeigen schon durch ein allgemeines Unwohlsein recht früh an, dass etwas nicht in Ordnung ist. Der Betreuer muss es nur merken, die typischen Krankheitssymptome erkennen, richtig deuten und geeignete Maßnahmen ergreifen um eine Verschlimmerung und weitere Ausbreitung der Krankheit zu verhindern. Krankheit ist eine Störung der Funktion einzelner Organe oder im schlimmsten Fall, des gesamten Organismus. Es gilt diese Störung und die Abweichung vom Normalen möglichst früh zu erkennen. Je früher die Behandlung einsetzt, umso größer sind die Heilungsaussichten. Bei ständiger Zeitnot des Betreuers wird da leicht etwas übersehen.

Gerade bei der abendlichen Fütterung und dem Heimtrieb der Tiere von der Weide lässt sich erkennen, ob ein Schaf von seinem gewohnten Verhalten abweicht. Es bleibt hinter der Herde zurück, kämpft nicht mit aller Konsequenz um das angebotene Futter und sondert sich ab, um sich gleich hinzule-

> **Tipp: Unterbringung bei Durchfall**
> Ein Lamm, welches sichtbar und hörbar über Bauchschmerzen klagt, braucht Wärme – innerlich und äußerlich. So ein krankes Tier ist sicherlich bei winterlichen Temperaturen in einem halb offenen Stall mit eiskalter Milchtränke nicht gut aufgehoben. Lang anhaltende, nicht behandelte Durchfälle bei Neugeborenen oder Jungtieren führen zu starkem Substanzverlust des Organismus: Dieser Verlust kann später nur schwer oder gar nicht mehr aufgeholt werden. Die Tiere bleiben in der Entwicklung zurück oder kränkeln ständig!

gen. Fühlen sich die Ohren kalt an, geht die Atmung pumpend und unregelmäßig und ist kein Wiederkäuen zu beobachten, ist allerhöchste Aufmerksamkeit geboten. Als Warnsignal ist es auch zu werten, wenn die Pansentätigkeit hörbar, sichtbar und mit der Hand hinter den Rippen fühlbar ist.

Nicht jedes Mal wenn ein Schaf hustet, muss gleich der Tierarzt gerufen werden, aber es ist doch festzuhalten, dass die Kosten hierfür sicherlich geringer sind, als wenn durch Nachlässigkeit oder ein zu langes Zögern ein leistungsstarkes Mutterschaf verloren geht oder eine Krankheit, welche möglicherweise die gesamte Herde betrifft, unentdeckt bleibt.

Ein verantwortungsbewusster Tierhalter sollte die Gesundheitsfürsorge seiner ihm anvertrauten und von ihm abhängigen Lebewesen sicher nicht nach Euro und Cent berechnen – selbst wenn sich anschließend herausstellt, dass der Besuch des Tierarztes nicht dringend erforderlich war. Unerlässlich ist die Diagnose des Tierarztes, wenn die Körpertemperatur des erwachsenen Schafes auf 40 °C oder noch darüber steigt, die Schleimhäute bereits weiß oder gelblich scheinen und somit eine schwere Krankheit vermutet werden muss. Die Schleimhäute von Nase, Augen und Mundhöhle beim gesunden Schaf sind hellrosa und gut durchblutet.

Einige dieser Schafkrankheiten, ob bakterieller oder viraler Art, sind hoch ansteckend. Eine exakte Diagnose und das Einsetzen einer gezielten wirkungsvollen Therapie kann nur vom Fachmann veranlasst werden. Ein laienhaftes Vorgehen und Experimentieren sind hier nicht mehr angebracht. Es könnte sich auch um eine Krankheit handeln, die laut Tierseuchengesetz anzeigepflichtig ist. Bereits der Verdacht und nicht erst der Ausbruch der Krankheit verpflichten zur Anzeige. Auch hier wird der Tierarzt dem Schafhalter mit Rat und Tat zur Seite

> **Tipp: Quarantäne**
> Wird das offensichtlich leidende Geschöpf von der Herde abgesondert, kann es besser beobachtet werden. Es sollte aber wenn möglich Sichtkontakt zu den Artgenossen bestehen, da sonst das Gefühl des Verlassenseins, besonders bei einem Lamm oder Jungtier noch erschwerend hinzu kommt.

stehen. Über entsprechende geeignete Schutzimpfungen, ob sinnvoll oder nicht, sollte mit einem Veterinär, welcher Erfahrungen mit der Betreuung der „kleinen Wiederkäuer" wie Schafe und Ziegen hat, diskutiert werden. Er kennt sich aus und weiß, wie der aktuelle Stand ist.

Es gibt nicht für jede Situation ein einheitliches Rezept. Vieles muss auch mit Gefühl und logischem Denken bewältigt werden. Dazu gehören auch Fehlreaktionen und Misserfolge. Nur: Mehr als einmal sollten die gleichen Fehler nicht gemacht werden. Die eigene Unzulänglichkeit muss auch immer wieder überwunden werden. Man weiß ganz genau, was hier und heute zu tun ist und trotzdem können immer wieder unvermutete Probleme auftreten. Mit der Zeit entwickelt man ein Gespür für die richtige Handlungsweise und dennoch muss immer dazu gelernt werden. Diese Erfahrungen machen nicht nur Anfänger sondern auch die gestandenen Schafzüchter immer wieder. Das Leben mit Milchschafen ist ein ständiger Lernprozess.

Plausch am Weidezaun

Eine Spaziergängerin sieht mich bei der Arbeit am Weidezaun und spricht mich an. Sie erzählt, dass ihr die Schafe gefallen und sie auf ihrer täglichen Runde mit dem Hund häufig einen Umweg macht, um die Tiere zu beobachten. Wir kommen weiter ins Gespräch und sie merkt bald, dass das Thema Milchschafe mich schnell begeistern kann, und ich gerne bereit bin, ihre Fragen zu beantworten. Und dann fragt sie ganz unvermittelt: „Werden die Schafe auch krank?" „Ja", sage ich, „leider". „Und von was werden die krank und was machen sie dann?" Das lässt sich nun nicht mit ein oder zwei Sätzen über den Weidezaun vermitteln und ich biete meiner unbekannten Gesprächspartnerin an, da ich ohnehin eine Pause einlegen möchte, mit in den Schafstall zu kommen, wo wir unsere Unterhaltung dann noch eine Weile fortsetzen können. Bei einem Glas gut gekühlter, frischer Schafmilch, die sie als besonders köstlich lobt, lauscht sie fast gebannt meinen Ausführungen.

Ich erkläre, dass ich zuerst einmal die eigenen Erfahrungen und auch meine Erkenntnisse mit der Naturheilkunde einsetze, in Fachbüchern über Schafkrankheiten nachlese und, wenn ich es für nötig halte, den Tierarzt um Rat frage oder ihn zur Hilfe hole. Nun möchte sie möglichst alles ganz genau wissen und ich hole noch ein wenig weiter aus. Mögliche Krankheitsursachen gibt es viele. Äußere Verletzungen, die leicht zu erkennen und mit geeigneten und bewährten Heilmitteln schnell zu beheben sind. Auch von den schweren Erkrankungen und der Behandlung berichtete ich ihr.

Ein Neuling

Meine neue Bekanntschaft gesteht mir, dass sie sich schon seit einiger Zeit mit dem Gedanken beschäftigt, ein Milchschaf zu erwerben und nur auf eine Gelegenheit gewartet hat, mich anzusprechen, um sich möglicherweise einige Informationen zum Umgang mit Schafen zu holen. Nun ist ein Vortrag über die Schafgesundheit sicher nicht unbedingt das geeignete Thema, jemanden für die Schafhaltung zu begeistern, aber hier hat es sich so ergeben und sie lässt sich nicht abschrecken – ganz im Gegenteil. Nachdem ich ihr noch meine Aufzeichnungen über die Lammzeit, Klauenpflege und das Kapitel Parasiten bei Schafen in die Hand gedrückt habe, geht sie hoch zufrieden nach Hause.

Wie erwartet dauert es nicht lange und mir wird überzeugend mitgeteilt, dass man fest entschlossen sei, mit der Milchschafhaltung zu beginnen. Auf Wunsch erkläre ich mich bereit, dabei behilflich zu sein. Ein einzelnes Schaf für den Anfang kommt nicht in Frage. Diese sozialen Geschöpfe haben es nicht verdient, wenn auch bei noch so guter Pflege, als Einzeltier leben zu müssen. Die meisten von uns domestizierten Haustiere brauchen die Gemeinschaft mit ihren Artgenossen und es gibt nur wenige Einzelgänger. Schafe sind Herdentiere und fühlen sich unter Artgenossen wohler. Milchschafe allerdings lieben die überschaubare Großfamilie, in der sie auch am besten gedeihen. Daher kommen wir überein, dass ein zur Nachzucht geeignetes Lamm aus meinem Bestand, nach der hoffentlich erfolgreichen Erstlammung in ihren Besitz übergehen soll. Das wird, wenn alles wie gewohnt verläuft, so Mitte bis Ende Februar der Fall sein. Genügend Zeit, um alles Erforderliche zur Übersiedlung der kleinen Schaffamilie vorzubereiten.

Ich merke es ihr an, dass sie das Tier am liebsten gleich mitnehmen möchte. Das kann ich sehr gut nachvollziehen, ist es mir doch zum Beginn meiner Schafzucht ähnlich ergangen. Aber die Einsicht siegt. Eine Herdbuchzucht scheint ihr für den Einstieg zu aufwändig und zu kompliziert. Sie möchte erst einmal den Umgang mit Schafen lernen, und eigene Erfahrungen sammeln. Recht hat sie!

Juli

Wie gut die alten Bräuche waren,
wird wer sie aufgibt bald erfahren.
(aus der Erinnerung)

Juli

Der Sommer ist ein pausenloser Kreislauf der Nahrungsbeschaffung und es wiederholt sich jedes Jahr für Mensch und Tier. Auch im Juli ist wieder Erntezeit. Da der Garten reichlich mit gut verrottetem Schafmist gedüngt wurde, gibt es jetzt viel Obst und Gemüse, welches verarbeitet werden muss. In diesem Jahr ist die Obstausbeute aber eher durchwachsen. Den Bienen war es im März vielerorts noch zu kalt und sehr früh blühende Obstsorten wie Pfirsiche und Aprikosen wurden nur mangelhaft bestäubt. Bei dem später einsetzenden Dauerregen waren dann außer den unermüdlichen Hummeln kaum Insekten unterwegs. Im Großen und Ganzen aber blieb die Obstblüte vor Spätfrösten verschont und die Bäume setzten doch noch ausreichend Früchte an. Im Mai blühte fast alles gleichzeitig, da wir bereits tagelang hochsommerliches Wetter mit Temperaturen über 30 °C hatten. Dafür blieben die Schnecken noch eine Weile aus. In einer trockenen, warmen Zeit verkriechen sich die Schnecken in ihre Verstecke um dann, besonders wenn der Himmel seine Schleusen bis zum Anschlag öffnet, zahlreich vorzugsweise über Salat und Junggemüse durch den Garten zu ziehen.

Vorsicht giftig!

Einige der sorgfältig unter der Stalldecke aufgehängten Kräutersträuße sind nun doch wieder heruntergerissen worden und liegen zerstreut im Stroh. Es ist unglaublich, wo so ein Schaf überall drankommt. Die Zweige aufheben, um sie zerkleinert in die Futtertröge zu verteilen, ist zwecklos. Die Schafe fressen nichts mehr, worauf sie schon eine Weile herumgetrampelt haben. Da die Kräuterstauden im Garten zurzeit üppig wachsen, schneide ich ein bis zwei Mal in der Woche einen Eimer voll in kleine „mundgerechte"

Eibe (oben) und Thuja (unten) sind schädlich für Schafe.

Stücke und verfüttere sie an die Schafe. Auf der Weide fressen Schafe selten für sie unbekömmliche Pflanzen. Sie meiden schädliche Kräuter, vorausgesetzt, es ist genügend anderes Futter da.

Gefahr am Gartenzaun

Gefährlich kann es werden, wenn Schafweiden an Gartengrundstücke grenzen. Die Besitzer werfen häufig in Unkenntnis der Giftigkeit für die Tiere ihren Heckenschnitt oder ausgerissene Zierpflanzen über den Zaun. Der Verzehr zum Beispiel von nur wenigen Eibenzweigen kann für ein Schaf bereits tödlich sein. Auch Thuja, Rhododendron und frische, junge Zweigspitzen des Sadebaumes, auch Stinkwacholder genannt, führen zu schweren Schädigungen innerer Organe. Da die auftretenden, sichtbaren Symptome selten rechtzeitig und richtig erkannt werden, kommt eine Behandlung meist zu spät.

Leider habe ich diese bittere Erfahrung selbst machen müssen: Die Nachbarn hatten eine Thujahecke gepflanzt. Es sollte ein Sichtschutz werden, auch wegen der Schafe. Die Bäumchen waren anfangs klein und weit weg vom Weidezaun. Dass sie mit den Jahren größer und auch breiter wurden, hatten wir nicht so bemerkt, wohl aber die Schafe. Diese fingen an, die Spitzen der Äste anzuknabbern, welche sie, wenn auch nur mit großer Anstrengung, wie wir wissen können sich Schafe ja sehr „lang machen". Einige hatten zu viel erwischt und es mit dem Leben bezahlt.

Auch Rhododendron ist für Schafe giftig.

Keine Angst vor Wespen und Hornissen

Das Wespennest unter der Stalldecke hat Fußballgröße erreicht. Zum Glück ist die Ein- und Ausflugschneise der jetzt emsig ihre Brut fütternden Wespen von der Stalltür ein gutes Stück entfernt. Weder die Menschen noch die Schafe kommen ihnen ins Gehege. Die Tiere fühlen sich zu keiner Zeit bedroht und ein friedliches Miteinander ist kein Problem. Nähert sich uns eine Wespe, so ist es reine Neugierde und keine Angriffslust oder angeborene Aggressivität. Schnelle und hektische Bewegungen im Nestbereich oder gar Erschüttern des Wabenhauses mit der Hand sollten allerdings unterbleiben. Nur wenn sie gestört werden und ihnen eine Situation lebensbedrohlich erscheint, setzen sie den Stachel zur Verteidigung ein. Dies gilt für alle Wespenarten und auch für Hornissen. Man wird von ihnen nicht gestochen, solange sie nicht gestört oder verunsichert werden. Aber viele Menschen, auch solche, die sich für besonders umweltbewusst halten, geraten in Panik, wenn sich Wespen, Hummeln, Bienen oder gar Hornissen in ihrer unmittelbaren Umgebung ansiedeln wollen.

Alter Irrglaube

Der Irrglaube, drei Hornissenstiche könnten einen Menschen und sieben ein Pferd töten, ist noch nicht aus der Welt zu schaffen. Ein Hornissenstich ist nicht gefährlicher als der Stich einer Wespe oder Biene. Es ist nur die größere Menge Gift, die etwas mehr Schmerzen verursacht. Gefährlich können die Stiche von Wespen, Hummeln oder Bienen werden, wenn sie in der Mundhöhle in der Nähe der Luftröhre, erfolgen, möglicherweise bei dem Genuss von Obst, auf dem eine Wespe übersehen wurde. Durch die rasche, stark einsetzende Schwellung besteht Erstickungsgefahr. Einige Menschen reagieren auch allergisch auf diese Gifte.

Alle diese Brummer und Summer sind Nützlinge. Sie leisten wertvolle Arbeit bei der Bestäubung unserer Obst- und Gemüsepflanzen und sammeln massenweise so genannte Schadinsekten für die Fütterung ihres Nachwuchses. Ein Garten ohne Bienen ist undenkbar. Wespen, Bienen, Hummeln und Hornissen sind Bestandteil unserer Umwelt. Sie und ihre Nester dürfen nicht ohne Grund durch Menschenhand vernichtet werden. Alle Staaten bildenden Wespenarten sterben am Jahresende. Mit Ausnahme der befruchteten Jungköniginnen. Diese überwintern an geschützten Plätzen und gründen im Frühjahr einen neuen Wespenstaat. Die ersten geschlüpften, von der Königin gefütterten Arbeiterinnen, vergrößern das Nest und versorgen die neue Generation. Jetzt sorgt die Königin nur noch für die Eiablage. Die im Herbst verlassenen Nester haben ausgedient und werden nicht mehr von Wespen besiedelt. Befinden sich Nester an einem Ort, wo sie auf Grund der Nähe zum Menschen eine Gefahr darstellen könnten, ist eine Umsiedlung durch Fachleute möglich. Auskunft darüber gibt es über das Umwelttelefon.

Molke

Wird viel Käse produziert, gibt es als Nebenprodukt reichlich Molke. Viel zu schade zum Wegschütten. Frische Molke hat wenig Kalorien, aber noch reichlich Mineralstoffe und Spurenelemente. Gut gekühlt, mit frisch gepresstem Orangensaft, ist sie ein nahrhaftes, erfrischendes Getränk und besonders Durst löschend an heißen Sommertagen. Ich trinke es regelmäßig und alle meine Gäste bekommen es angeboten und müssen probieren, ob sie wollen oder nicht. Es ist aber Geschmackssache. Wer Molke mag, trinkt sie immer wieder. Wer nicht, leert anstandshalber sein Glas und lehnt dann dankend ab.

Für Hühner und Gänse ist sie ein ideales Zusatzfutter und erhöht mit Sicherheit die Eierproduktion. Der Hund darf nur ganz wenig bekommen, sonst gibt es Durchfall. Paulchen wendet sich angewidert und Pfote schüttelnd ab. Hin und wieder kann ich einige Lämmer dafür begeistern. Auch in diesem Jahr ist einer der kräftigen Lammböcke regelrecht wild darauf. Es ist aber eher die Ausnahme. Leider! Was ich nicht anbieten oder selbst verwerten kann, nimmt ein Landwirt aus dem Dorf gerne zum anreichern des Schweinefutters.

Alles in Maßen

Wer keine Arbeit hat, der macht sich welche. Der Altbock ist, ich weiß nicht genau wie er das geschafft hat, plötzlich wieder bei den

Muttertieren. Um über den Weidezaun zu springen ist er eigentlich schon zu schwer und behäbig, dieses Kunststück bringen eher die jüngeren Böcke fertig. Besonders ärgerlich ist, dass er auch noch den Deckel der Hafertonne irgendwie aufgehoben und den Behälter anschließend umgestoßen hat. Jahrelang ist das gut gegangen. Vielleicht war die Tonne auch nicht fest genug verschlossen und bei seiner Größe und Kraft, hat er es dann mit Ausdauer geschafft. Zwei Doppelzentner Hafer liegen auf der Erde, breit getrampelt von ansonsten mit Getreide voll gestopften Schafen.

Hoffentlich haben sie sich nicht überfressen! Zur Sicherheit werden alle bei „Wasser und Brot" im Stall eingesperrt. Das heißt in diesem Fall, Enthaltsamkeit für mindestens zwölf Stunden, nur Wasser und Stroh. Der Bock kommt wieder dahin, wo er hingehört. Der Versuch, noch möglichst viel von dem verstreuten Hafer zu retten, gelingt nur mäßig. Der absolut größere Teil wird mit ärgerlichem Schwung und auch ein bisschen Wut im Bauch, mit dem Besen in die Weide gekehrt.

Schlachttag

Jetzt wird es Zeit, über den endgültigen Verbleib der Lämmer zu entscheiden. Da in diesem Jahr der eigene Bestand wieder verjüngt und aufgestockt werden soll, bleiben die vermeintlich besten Mutterlämmer natürlich in der Herde. Einige Böcke präsentieren sich sehr gut und kommen als mögliche Zuchttiere zur Bockauktion im Spätsommer in die Vorauswahl, der Rest wird geschlachtet. Die weiblichen Tiere, auch wenn sie für die Herdbuchzucht nicht so geeignet scheinen, können fast immer verkauft werden. Alle Mutterschafe der Herde haben eine gute Milchleistung zu Buche stehen und daher finden sich immer Milch verarbeitende Schafhalter, die sehr gerne den Nachwuchs von leistungsgeprüften Milchschafmüttern erwerben.

Der Schlachttag bereitet mir immer noch ein wenig Bauchschmerzen. Und das, obwohl ich nun schon so viele Jahre akzeptieren muss, dass es neben der relativ angenehmen Trennung durch den Lebendverkauf auch Schlachttiere gibt. Da das Schlachten nicht auf dem eigenen Grundstück geschieht, ist inzwischen aber eine Verdrängung dieser Vorgänge, wenn dann der Hänger mit den aufgeladenen Tieren endlich abgefahren ist, einigermaßen möglich.

Hausschlachtungen

Hausschlachtungen unterliegen der Aufsichtsbehörde und es dürfen nur solche Personen eine Schlachtung durchführen die den entsprechenden Sachkundenachweis erbringen. „Gott sei dank!" Auch die Schlachtstätte ist genehmigungspflichtig. Hier gelten klar festgelegte Hygienebestimmungen. Ich selbst habe auf einem Lehrgang die Kenntnis erworben, wie ein Schaf tiergerecht getötet und geschlachtet wird. Sicher werde ich davon aber nur im Notfall Gebrauch machen. Nämlich dann, wenn es gilt, ein schwer krankes oder verletztes Tier schnell von möglichen Qualen zu erlösen. Ansonsten überlasse ich dies lieber dem erfahrenen Fachmann. Frisches Lammfleisch aus artgerechter Haltung von Tieren, die bevorzugt auf der Weide gehalten werden, zeichnet sich nicht nur durch guten Geschmack aus. Regelmäßig auf dem Tisch gebracht, ist es auch ein Beitrag zur ausgewogenen und gesunden Ernährung. Bei Milchschafweidelämmern bis zu einem Alter von sechs Monaten besteht ein angenehmes Fleisch-Fett-Verhältnis.

Lammfleisch in Variationen

Dieses Fleisch ist auch gebraten oder gekocht in kaltem Zustand sehr gut zu genießen. Lammfleisch lässt sich vor der Zubereitung besonders vielfältig mit Kräutern würzen, zum Beispiel mit Knoblauch, Thymian, Rosmarin, ein wenig Pfefferminze und Beifuß – oder in einer anderen Variante mit Zwiebeln, Paprika, Curry, Cayenne-Pfeffer und Tomaten. In Buttermilch oder Rotwein eingelegt, erhält Lammfleisch eine etwas andere Geschmacksnote. Mittlerweile sind schon zahlreiche Kochbücher mit abwechslungsreichen und schmackhaften Rezepten auf dem Markt. Auch auf den Informationsständen der Veranstaltungen vieler Schafzuchtverbände kann man sich immer wieder mit neuen Rezeptbroschüren und Informationen rund ums Schaf versorgen.

Fellverarbeitung

Ein erfreuliches Zusatzprodukt nach der Schlachtung sind die Felle und zwar vorzugsweise die der Lämmer. Das Leder ungeschorener, junger Tiere ist besonders weich und elastisch. Beim Kauf sollte man darauf achten, dass es ein Lammfell und nicht das eines älteren Tieres ist, welches man erwirbt, es sei denn, der Kaufpreis ist wesentlich niedriger. Der Metzger, der schon seit Jahren unsere Tiere schlachtet, weiß, dass ich großen Wert auf unbeschädigte und sorgfältig abgezogene Tierhäute lege. Risse und Löcher vermindern die Qualität der Felle und zu viele Fleischreste auf der Haut erschweren die Konservierung.

Salzen der Felle

Da die abgezogenen Häute meist nicht noch am gleichen Tag in die Gerberei kommen, sollten sie unmittelbar nach der Auskühlung auf der Lederseite sorgfältig eingesalzen werden. Besonders an heißen Sommertagen ist die Gefahr der Lederschädigung durch die rasch einsetzende Vermehrung der Fäulnisbakterien sehr groß. Die eingesalzenen Felle, einige Pfund pro Fell dürfen es schon sein, werden ausgebreitet, mit der Fellseite nach unten, übereinander gelegt. Wichtig ist, dass beim Salzen keine Hautfalten übersehen werden, und auch in die Fellränder großzügig Salz eingerieben wird. So versorgt, können die Felle leicht schräg, damit die aufkommende Flüssigkeit gut abfließen kann und so kühl wie möglich, einige Tage gelagert werden. Danach wird noch einmal nachgesalzen, jedes Fell einzeln aufgerollt und bis zum Transport in die Gerberei kühl und fliegensicher aufbewahrt.

Allerdings ist der schnellste Weg in die Gerberei einer noch so sorgfältigen Aufbewahrung vorzuziehen. Es gibt mehrere Möglichkeiten, ein Schaffell zu gerben. Jede Gerberei hat da ihre eigenen, meist streng geheim gehaltenen Techniken. Eine Belastung für die Umwelt bedeutet das Gerben auf jeden Fall – mal mehr, mal weniger. Auch so genannte pflanzliche Verfahren sind nicht ohne Rückstandsprobleme möglich.

Gesunde Lammfelle

Ein Lammfell findet vielerlei Verwendung. Medizinisch gegerbte Felle, die auch gut waschbar sind, wärmen die Babys und ihren Kinderwagen oder werden zu Fußsäcken zusammengenäht. Andere finden als ideale, Temperatur ausgleichende Schlafunterlage im Bett nicht nur für ältere oder rheumageplagte Menschen Verwendung. Wer einmal daran gewöhnt ist, auf einem Schaffell unter dem Bettlaken zu schlafen, möchte es nicht mehr missen. Auch morgens beim Aufstehen mit nackten Füßen erst einmal in ein weiches

Lammfell vor dem Bett treten zu dürfen, ist ein Genuss.

Vollwaschbare Felle bedeuten für den Endabnehmer einen nicht zu unterschätzenden Vorteil. Zu oft und zu früh sollten die Felle aber nicht gewaschen werden. Bei oberflächlicher Verschmutzung der Wolle, auch wenn die Felle als Bettvorleger dienen, reicht zunächst eine Reinigung mit einem feuchten, in Feinwaschmittel getauchtem Tuch. Zuerst wird kräftig auch gegen den Strich gerubbelt und dann mit einem trockenen Frottiertuch die Wolle wieder in Form gestrichen. Bei stärkerer Verschmutzung kann das Lammfell bedenkenlos, vorzugsweise mit der Hand, unter Zusatz von wenig Feinwaschmittel in der Badewanne oder einem großen Kübel bei etwa 30 °C gewaschen werden. Mehrmaliges, gründliches Ausspülen entfernt die Waschmittelreste wieder. Nach dem letzten Spülwasser, bei hartem Wasser kann auch ein Weichspüler zugesetzt werden, das Fell mit beiden Händen kräftig ausdrücken und in Form ziehen. Danach das nasse Fell, Lederseite nach unten, in Ruhe an einem luftigen Ort trocknen lassen. Geeignet ist zum Beispiel ein aufgestellter Wäscheständer. Damit die Tierhaut nicht hart wird, darf sie keinesfalls der Sonne oder einer direkten Wärmestrahlung ausgesetzt werden! Es dauert schon ein paar Tage bis auch das Leder wieder ganz trocken ist. Nach dem Trocknen das Fell mehrmals kräftig ausschütteln und die Wolle wieder glatt streichen.

Rückenwolle eines 8 Monate alten Lammbockes.

Ob aus einem neugeborenen Lamm später ein Zuchttier wird, hängt von vielen Dingen ab.

Lämmer für die Nachzucht

Ob ein Lamm zur Nachzucht geeignet ist, kann im Allgemeinen schon während mehrerer Jungstadien beobachtet werden. Unmittelbar nach der Geburt sind im Vergleich mit anderen Lämmern Körperbau, Vitalität, Lebenswille und auch schon der Ansatz eines möglicherweise starken Charakters erkennbar. Wer bereits kurz und niedrig geboren wird, erreicht auch später keine „wahre Körpergröße"! Besonders in den

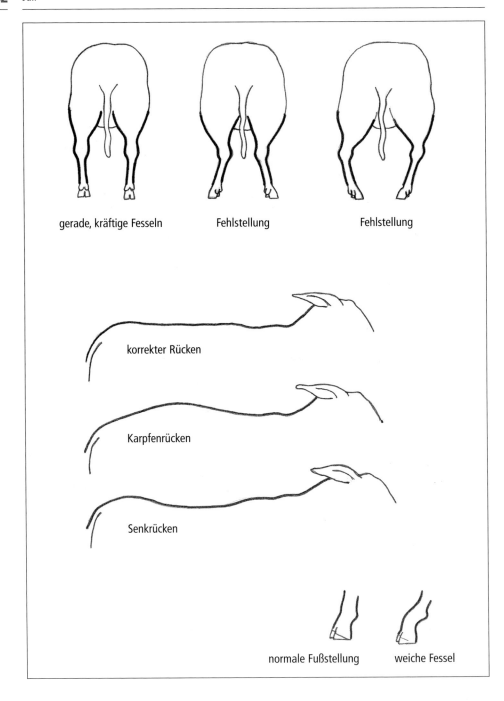

ersten Lebenswochen sollten keine nennenswerte Rückschläge durch Krankheiten oder unzureichende Haltungsbedingungen entstehen.

Auch die Art der Aufzucht prägt ein Lamm. Aus Erfahrung weiß ich, dass bei den Schafen Mutterliebe und der dadurch gegebene Körperkontakt die positive Entwicklung der Lämmer fördert. Die Mutterlämmer lernen viel von der eigenen Mutter und geben häufig diese guten Erfahrungen an ihre Kinder weiter. Die Jungböcke sind anhänglicher und vor allem friedlicher. Meist bleiben sie es auch im Erwachsenenalter. Aber da kann man nie ganz sicher sein. Nach der Körung und Absatzveranstaltung verliert der Züchter ja „seine Böcke" häufig aus den Augen.

Grundlage für gesunde Tiere

Wie sich die Tiere dann weiterentwickeln, hängt viel von der Art der Betreuung durch den neuen Besitzer ab. Es kann nicht oft genug gesagt werden: Zur gesunden und stabilen Entwicklung von Knochen, Muskeln, und Organen benötigen Lämmer möglichst früh ausreichend Bewegung und viel frische Luft. Große Freiräume, nachdem die nötige Mutter-Kind-Beziehung gefestigt ist, stärken die ständig wachsenden Atmungsorgane und machen Appetit. Ein frühes Angebot von

Ein schöner, langer Bock mit geradem Rücken und stabilen Fundamenten.

Raufutter (Heu oder Weide), fördert die Entwicklung der Verdauungsorgane und die Wiederkäuertätigkeit. Die spätere Pansengröße ist auch von der Zusammensetzung des Nahrungsangebotes in der Entwicklungszeit des Lammes abhängig. Stall- und Weidehygiene und auch fachgerechte Parasitenbekämpfung müssen selbstverständlich sein. Sind die wichtigsten Aufzuchtvoraussetzungen erfüllt und es zeigt sich dennoch im Lauf der Zeit, dass sich Lämmer nicht zuchttauglich entwickeln, muss konsequent selektiert werden.

Bis zum Körtermin sollten die Jungböcke ihre sichtbaren Qualitäten erreicht haben. Dazu gehören vor allem ausreichend Gewicht, korrekter Körperbau und stabile Fundamente. Sie sollten ihre Pflicht bei den zur Nachzucht bereiten Mutterschafen auch ausreichend erfüllen können. Und nicht, wie die Züchter sagen, nach ein paar Bocksprüngen mangels Kraft schon „aus den Schuhen kippen". Ob ein Mutterlamm einmal ein leistungsstarkes Schaf wird, erkennt man häufig erst, nachdem es seine ersten Lämmer geboren hat.

Das Ziel des Züchters

Das Ziel des Züchters kann nur sein, mit erstklassigen Nachkommen weiterzuzüchten, das heißt, die typischen, gewünschten, guten Eigenschaften seiner Schafrasse zu erhalten und noch zu verbessern. Nur die stärksten und gesündesten Böcke sollten ihr Erbgut an den Nachwuchs weitergeben. „Züchten heißt nicht vermehren!" – Schafzüchter sind Idealisten. Geld verdienen kann man mit der Schafzucht auf Dauer nicht. Auch wenn hin und wieder einmal für einen Spitzenbock ein guter Preis erzielt wird. Der eigentliche Lohn ist die Anerkennung für die geleistete Arbeit und die eigene Zufriedenheit. Gute Zuchtergebnisse sind das Produkt vieler Faktoren. Die Arbeit mit den Schafen muss vor allem immer wieder Spaß machen und es braucht viel Erfahrung, bis sich der erste züchterische Erfolg einstellt. Der Züchter muss immer wieder dazulernen, die eigenen Fehler erkennen und konsequent abstellen, neue Erkenntnisse kritisch prüfen und die richtigen Entscheidungen treffen. Und dann braucht man noch viel, viel Glück!

August

Die Erde gibt nur was sie hat –
und das freiwillig –
wenn man sie zwingt, gibt sie auf.
(aus der Erinnerung)

Einige Lämmer, obwohl nun doch schon fast erwachsen, bringen mein Erscheinen immer noch mit der Erinnerung an volle Milchflaschen in Verbindung. Sie beobachten genau meine Hände. Womit ihnen ja eigentlich nur noch das nicht so wohlschmeckende Wurmmittel, meist etwas unsanft, ins Maul gedrückt wird.

Den älteren Schafen macht die Augusthitze zu schaffen. Tagsüber sieht man kaum weidende Tiere. Schatten spendende Plätze gibt es genug, und die werden für längere Zeit, vorwiegend in der Mittagshitze, aufgesucht. Eine große Eiche mit einladendem Blätterdach gilt als Stammplatz. Auch im Winter oder Vorfrühling, wenn die Tiere von einem Schnee- oder Regenschauer überrascht werden, läuft alles unter das vermeintliche, jetzt jedoch blätterlose Schutzdach. Offenbar sorgt schon allein der Glaube für ein Wohlgefühl. Oder es ist einfach die Macht der Gewohnheit.

Sommerarbeiten

Der Rückzug zum Stall ist den Schafen jetzt verwehrt. Es spart eine Menge Arbeit, nicht jeden Tag kehren zu müssen. Dafür heißt es mehrmals täglich die Wassereimer aufzufüllen und weitere Wege zu schleppen. Die Mutterschafe sind voll in der Milchleistung, und wenn auch die Weide noch saftig ist, ohne genügend Flüssigkeitsaufnahme ist es schwierig, täglich einige Liter Milch zu produzieren. Damit auf jeder Parzelle allen Tieren Wasser zur Verfügung steht, sind noch einige ausrangierte Autoreifen, als Standhilfe für die Eimer, organisiert worden. So kann das mühsam verteilte Nass nicht auch noch umgestoßen werden. Besonders die Lammböcke sind da sehr aktiv.

Auch die abendliche Fütterung erfolgt jetzt auf der Weide. Die als Futtertröge angeschafften Maurerkübel werden, nachdem sie leergefressen sind, umgedreht, und bleiben so für die nächste Fütterung trocken und sauber. Auch hier sehen das die Böcke etwas anders. In der Regel müssen die ohnehin schon total verbeulten und durchlöcherten Gefäße abends erst einmal aus der äußersten Ecke am Zaun geholt werden. Zurzeit versuchen einige, die weißen Salzlecksteine zu malträtieren und mit Gewalt zu verkleinern. Die abgebrochenen Stücke werden eingesammelt und wandern in die Holztröge im Stall. Was nicht von den Schafen genutzt wird, dient zur zusätzlichen Säuberung der Behälter.

Stallausbesserung

Da alle Schafe und Lämmer voraussichtlich eine Weile Tag und Nacht draußen bleiben, ist jetzt die Gelegenheit da, den Stall auszumisten und gründlich zu reinigen. Auch das Holz der Wände könnte wieder einen neuen Kalkanstrich bis zur halben Höhe vertragen. Bei dieser Arbeit stellt sich heraus, dass auf der Ost- und Westseite eine große Zahl der Schwartenbretter morsch und faul ist und dass sie nach zehn Jahren offenbar ausgedient haben. Bis zum Winter muss auf jeden Fall etwas geschehen. Ausbessern lohnt sich nicht mehr. Da der Stall ohnehin etwas größer sein könnte, wird beschlossen, irgendwann in der nächsten Zeit, solange das gute Wetter es noch zulässt, einen Teil des Stalles abzureißen und für die Erweiterung und das anfallende neue Baumaterial etwas mehr zu investieren.

Der in die Weide gefegte Hafer ist aufgegangen und bildet einen schönen grünen Rasen. Das „Hafergaladiner" hatte den Schafen zum Glück nicht geschadet. Allerdings wurde auf dem Melkstand heftig protestiert, da ich auch da noch kein Kraftfutter gegeben habe.

Käseproduktion

Die Käseproduktion läuft auf vollen Touren und zeitweise kann ich mit der Weiterverarbeitung der Rohmasse kaum Schritt halten. Vielleicht lässt auch hin und wieder die Motivation schon ein bisschen nach. Die fertige Quarkmasse kann aber auch eingefroren werden, ohne dass sich Konsistenz und Geschmack wesentlich verändern. Wieder aufgetaut und im Mixer cremig geschlagen, kann das Produkt zum Beispiel zu Kräuterfrischkäse verarbeitet werden. Hin und wieder zweige ich auch etwas ab und backe einen leckeren Käsekuchen, eventuell mit frischem Obst aus dem Garten als Zwischenlage. Stehen zum Backen auch noch Gänseeier zur Verfügung – unübertroffen! Was ich auf keinen Fall missen möchte, ist der Genuss des selbst produzierten Jogurts aus Schafmilch. Besonders jetzt an den heißen Tagen, gut gekühlt, mit Früchten angereichert, schlägt diese Erfrischung jedes Industrieprodukt im Vergleich.

Wolle verarbeiten

Das anhaltende trockene und warme Wetter macht Lust den angewachsenen Wollberg der letzten beiden Schafschuren zu verkleinern und einige Wollwaschtage einzulegen. Da auch der Vorrat aus dem Vorjahr zur Verfügung steht, ist die Menge ausreichend um noch einmal eine Partie Bettdecken anfertigen zu lassen. Nachdem inzwischen auch die erweiterte Familie ausreichend mit Schafwollbettzeug versorgt ist, könnten in diesem Jahr auch die Anfragen von Freunden und Bekannten berücksichtigt werden. Ob Ober-, Unter-, breite, schmale, leichte Sommer- oder dicke Winterdecken – alles ist möglich.

Die relativ hohe Temperatur der Waschlauge, welcher nur ganz wenig Fein- oder Wollwaschmittel zugesetzt wird, ist nötig, damit die zu Kassetten abgesteppten Decken auch noch nach Jahren locker und leicht bleiben und das Füllmaterial, die eigene wertvolle Wolle nicht zusammenklumpt und nachts schwer auf den Beinen liegt. Die zum Selbstverspinnen vorgesehene Wolle sollte, wenn überhaupt, nur lauwarm, am besten ganz ohne Waschmittelzusatz gewaschen werden. So bleibt noch ein großer Teil des wertvollen Wollfettes erhalten. Erfahrene Schafzüchterkollegen, welche die eigenen Wollen regelmäßig verarbeiten, wissen da mehr. Gewaschen wird mit der Hand. Partie für Partie. Durch das Auseinanderziehen und Rubbeln wird der Schmutz gelöst und mit sehr viel Wasser ausgeschwemmt. Die zu stark verschmutzten, minderwertigen Teile sind ja schon vor dem Einsacken im Frühjahr, abgezupft und anderweitig verwertet worden. Nach dem Waschen kann die gespülte und kräftig ausgewrungene Wolle in einem Kopfkissenbezug in der Waschmaschine geschleudert werden. Danach gut ausgebreitet im Schatten trocknen lassen. Bevor die Abendfeuchtigkeit aufkommt, sollte alles eingesammelt und der Trockenvorgang am nächsten Tag wiederholt werden. Alternativ kann die Wolle im Zimmer auf dem sauberen Boden ausgebreitet wer-

> **Tipp: Wolle für Bettdecken vorbereiten**
> Die Herstellerfirma erwartet, dass die Wolle sauber, 60 °C warm gewaschen, sehr gründlich gespült und absolut trocken angeliefert wird. Kämmen (kardieren) und Heureste entfernen ist nicht nötig. Die gewogene Wolle kann, in einen Bettbezug gestopft und mit Bestellzettel und Lieferanschrift versehen, direkt bei der Firma abgegeben werden. Nach ein paar Wochen kommen die gewünschten Stücke zuzüglich der Rechnung ins Haus.

August

Am Wollwaschtag schauen auch die Gänse bei der Arbeit zu.

> **Info: Schafschurwolle**
> Schafschurwolle wird nur von lebenden Tieren gewonnen und kann etwa ein Drittel ihres Eigengewichts an Feuchtigkeit aufnehmen, ohne sich feucht anzufühlen.
> Schafschurwolle wärmt, ist luftdurchlässig und staut die Hitze nicht. Auf Grund der starken Kräuselung wird die Wärme wie eine Dämmschicht festgehalten. Die während der Nacht vom Körper abgegebene Feuchtigkeit wird von der Wolle aufgenommen und bei guter Lüftung durch Verdunstung später wieder abgegeben. Für ein trockenes, warmes Bett ist Schafschurwolle die perfekte Füllung. Das Bett ist immer trocken und warm und ein unangenehmer Hitze- oder Feuchtigkeitsstau wird vermieden.

den und dort fertig trocknen. Damit es schneller geht, wird die weiße Pracht mehrmals gewendet. Feuchte Wolle darf niemals eingesackt werden und sollte stattdessen lieber noch einige Tage liegen gelassen werden.

Wolle spinnen

Es macht auch Spaß, das Wolleverspinnen einmal selbst zu erlernen. Unter der Anleitung einer kundigen Fachkraft und mit einem gut funktionierendem Spinnrad weiß man schon nach einigen Lehrstunden, wie es geht. Bis aber ein halbwegs gleichmäßiger Faden heraus kommt, der auch nicht dauernd abreißt, muss viel und immer wieder geübt werden. Ich selbst bin noch nicht sehr weit über die Anfänge hinausgekommen. Die langen, dunklen Winterabende, die laut der alten Geschichten die beste Zeit für diese Arbeit wären, sind bei mir irgendwie immer zu schnell vorbei. Dann ist es Januar und die ersten Lämmer werden wieder geboren. Keine Zeit für Heimarbeit. Wahrscheinlich ist es aber nur eine Ausrede, weil andere Arbeiten vorgezogen werden. Das schöne, alte, gedrechselte Spinnrad, welches ich durch einen Zufall günstig erwerben konnte, steht vorläufig noch meistens unbenutzt in der Ecke und wird nur regelmäßig abgestaubt. Aber was nicht ist, kann ja noch werden. Dieses Hobby läuft mir nicht weg. Reichlich vorbereitete Wolle habe ich schon einmal gehortet.

Luftig aufbewahrt wird sie in Hafersäcken aus Jute, die ich in der Waschmaschine gewaschen habe. Die Wolle muss gut vor Mottenfraß geschützt werden, da der natürliche Schutz des anhaftenden Wollschweißes durch das Waschen weitgehend verloren geht Die Wollwaschtage sind beendet. Dank zusätzlicher Hilfe ist die Wolle wie gewünscht zur Weiterverarbeitung vorbereitet und steht zum Abtransport bereit. Wir sitzen in der Sonne, beobachten grasende Schafe, genießen unseren Jogurt und selbst gepflückte Pfirsiche aus dem Garten. Die

süßen Früchte sind so reif, dass mir beim Hineinbeißen der Saft über die Backen läuft und in mein Glas tropft: „Seele, was willst du mehr?"

Pfirsichernte

In diesem Jahr ist die Pfirsichernte nicht sehr üppig ausgefallen. Dafür aber von besonderer Qualität. Vor einigen Jahren kam mir die Idee, neben bereits vorhandenen Obstsorten einen Pfirsichbaum zu pflanzen. Die Nachbarn rieten ab. Die Pfirsichbäume im Dorf setzen zwar fast in jedem Jahr genügend Früchte an, sie kommen aber selten zum Ausreifen. Ist der Spätsommer, wie so häufig in unserer Gegend, bereits nass und kühl, verfaulen oder verschimmeln fast alle unausgereiften Früchte am Baum. In der Baumschule hatte ich Glück und erwischte einen Experten. Im Gespräch erzählte ich von meinen möglichen Bedenken und bat um Rat. Er empfahl mir eine robuste, frühreife Sorte, bei der Pfirsiche bereits im August geerntet werden können. Die Empfehlung war ein Volltreffer. Fast in jedem Jahr gibt es bereits Anfang August mal mehr, mal weniger, aber immer Pfirsiche erster Qualität.

Aufstockung des Bestands

Die drei Mutterlämmer, welche zur Nachzucht und Aufstockung des eigenen Bestands bestimmt wurden, sind immer noch getrennt von den anderen auf einer separaten Weideparzelle. Erst Anfang Oktober sollen sie, inzwischen entwöhnt, wieder in die Herde integriert werden. Durch das spätere Präsentieren des Bockes wird der Deckakt hinausgezögert. Die sich noch im Wachstum befindenden Frühjahrslämmer sollten möglichst nicht zu früh dem Bock zugeführt werden.

Deckzeit

Das Leben ohne Mutter haben sie, wenn auch nur zögerlich inzwischen akzeptiert. Der auf der Weide aufgestellte, neu angeschaffte kleine „Iglu" aus Kunststoff bietet gerade noch drei Jungtieren Platz. Durch den häufigen Standortwechsel des leicht zu transportierenden Wetterschutzes, kann sich die ramponierte Grasnarbe wieder schnell erholen. Die Tiere haben nachts immer einen sauberen und trockenen Liegeplatz und kommen so noch eine Weile ganz gut zurecht. Jetzt, Ende August, wenn der Deckbock wieder mit der Herde läuft, sollten das Verhalten der Mutterschafe gut beobachtet werden, damit der Bocksprung notiert und der Ablammtermin eingetragen werden kann. Es sind die jetzt im Spätsommer veränderten Lichtverhältnisse, die dafür sorgen, dass die Mutterschafe in Paarungsstimmung kommen.

Es ist immer wieder zu beobachten, dass ein im Frühjahr geborenes Lamm, trotz guter Haltung und Pflege, nicht mit den Gleichaltrigen zur gewünschten Zeit gedeckt wird. Obwohl das Tier brünstig erschien und auch ein Deckbock zur Stelle war. Am Ende der Lammzeit, Ende Februar, stellte sich endgültig heraus, dass ein im Januar vorigen Jahres geborenes Muttertier nicht tragend war. Die reichlich zögerliche Überlegung, ob ich mich von dem Tier trennen oder einen neuen Versuch starten soll, hat das Schaf mittlerweile selbst entschieden. Inzwischen ist sie tragend. Nach meiner Schätzung wird sie etwa Ende September/Anfang Oktober Lämmer haben. Ich bin nur nicht ganz sicher, von welchem Bock. Der Deckakt vollzog sich von mir unbemerkt so gegen Mitte Mai. War einer der Lammböcke da schon geschlechtsreif? Oder hatte der Altbock die verspätete Bereitschaft des Schafes zur Nachzucht gewittert und war das die Erklärung für die seinerseits häufigen Ausreißversuche. Erst einmal bin ich über das „späte Mädchen" nicht sonderlich glücklich, bringt sie doch den aufgestellten Jahresplan ganz schön durcheinander.

Körungs- und Auktionsvorbereitungen

Zurück zu den Schafen. Die Körung und Absatzveranstaltung für die Jungtiere rückt immer näher. Die zum Verkauf vorgesehenen Zuchtböcke gefallen mir immer noch gut und ich denke, dass ich die richtige Auswahl getroffen habe. Zur Präsentation in der Auktionshalle müssen sie noch entsprechend vorbereitet werden. Es macht keinen guten Eindruck, mit extrem schmutzigen Tieren zu erscheinen. Den Schafen selbst ist es ziemlich gleichgültig wie sie aussehen. Aber seit sie Tag und Nacht unter freiem Himmel leben, lässt ihr äußeres Erscheinungsbild doch ein wenig zu wünschen übrig.

Wetterumschwung

Die Fertigstellung des Schafstalles verzögert sich. Jetzt ist auch noch ganz plötzlich das Wetter umgeschlagen und es regnet seit Tagen in Strömen. Zum Glück ist wenigstens das Dach schon fertig. Der nötige, wetterfeste Anstrich konnte noch bei trockenem Wetter auf die neue Teerpappe aufgetragen werden. Den Mutterschafen gefällt der Daueraufenthalt im Freien jetzt nicht mehr. Das Blätterdach der Eiche reicht nicht aus. Ein eilig notdürftig hergestellter Unterstand wird nicht angenommen. Nachts, wenn nicht am Stall gearbeitet wird, dürfen sie unter das Vordach. Heu gibt es noch keines. Auch wenn sie nicht gerne stundenlang im Regen herumlaufen, tagsüber muss die Weide genutzt werden. Sobald jedoch laut gehämmert und gesägt wird, rennt alles protestierend zum Weidetor. Vielleicht sollte ich ihnen Schirme bringen?!

Hoffnungsvoller Nachwuchs!

September

Es ist kein Vorteil für eine Herde,
wenn der Schäfer ein Schaf ist.

J.W. v. Goethe

Ein großes Stück angrenzendes Grünland konnte dazugepachtet werden. Die ehemalige Rinderweide ist seit zwei Jahren ungenutzt. Es wurde nur mehrmals im Jahr gemäht und das Schnittgut liegen gelassen. Infolgedessen kam auch kein Kunstdünger mit überhöhtem Stickstoffanteil in den Boden. So konnte sich neben einer Gräservielfalt auch ein hoher Kräuteranteil durchsetzen, wie ich auf einem Inspektionsrundgang feststellte. Eine gute Weide für Schafe. Jetzt musste aber erst einmal schafgerecht eingezäunt werden.

Weidearbeiten

Aus der Erfahrung gelernt, werden diesmal nur stabile, haltbare Eichenpfosten und ein Qualitativ besseres Knotengitter verwendet. Es gibt genügend waagerechte Drähte und im unteren Bereich sind die Abstände so, dass ein Durchfressen der Lämmer verhindert wird. Man muss die Verdrahtung nur richtig herum anbringen. Beim fachgerechten Spannen des Knotengitters von Pfosten zu Pfosten hilft der in diesen Dingen erfahrene Sohn eines Nachbarn mit dem Trecker. Er bietet sich auch an, im Spätherbst nach der Aufstallung der Tiere, den inzwischen einige Jahre gelagerten Schafmist auf die Weiden auszubringen. Obwohl frischer Stallmist laufend anfällt, kann er in dieser Form weder im Garten noch für das Grünland genutzt werden. Die Schafe würden solche Flächen nicht oder nur sehr ungenügend beweiden. Die allgemein empfohlene Weidefläche von 2000 m² pro Schaf ist jetzt mehr als vorhanden. Aber es ist nicht nur die Masse, sondern auch die Qualität des Weideangebots, die zu beachten ist. Zumal das Weideland immer die Ernährungsgrundlage der Schafe sein soll. Jegliches andere Futter ist nur zusätzlich.

Ökonomisch düngen

Wenn wir Hobbyschafzüchter von dem Erlös, welchen uns die Schafe einbringen, auch nicht unser tägliches Brot kaufen müssen – wir wären sonst längst verhungert –

Ein einfaches, aber stabiles Weidetor, das schnell gebaut und preiswert ist.

Solch ein Tor, ebenfalls Marke Eigenbau, hält viele Schafgenerationen lang.

sollte doch auch ökonomisch gedacht werden. Ich sollte auch wieder einmal eine Bodenprobe der einzelnen Weideparzellen zur Untersuchung an das Labor der Landwirtschaftskammer schicken, um durch eine Analyse die Nährstoffzusammensetzung ermitteln zu lassen. Einfach nur ungezielt zu düngen, ist nicht empfehlenswert. Die Nährstoffe für das Weidefutter sollten schon im richtigen Verhältnis zueinander vorhanden sein. Wenn auch das Auftreten bestimmter Gräser und Kräuter, der so genannten Zeigerpflanzen (siehe Seite 143) einen gewissen Hinweis auf die Beschaffenheit des Bodens gibt, so ganz genau kann man den Nährstoffvorrat von oben nicht erkennen.

Die Krähen haben sich auf den Pflaumenbäumen niedergelassen. Sie halten ausgiebig Mahlzeit an den überreifen Früchten. Eine gute Resteverwertung, wie ich finde.

Winterfütterung der Mutterschafe

Trotz intensiver Beratung und Information auf diversen Züchterversammlungen gibt es unter den Schafzüchtern teilweise noch extrem unterschiedliche Auffassungen, was die bedarfsgerechte Fütterung der Schafe betrifft. In erster Linie ist es die Winterfütterung der hochtragenden und Lämmer säugenden Mutterschafe, die nicht nur bei Anfängern in der Schafzucht Unsicherheit erkennen lässt. Alle Schafhalter haben in der Regel das Ziel, bedarfsgerecht und zugleich möglichst kostengünstig zu füttern. Die rechnerischen Ermittlungen der Futterrationen sind auch in kleineren Schafbeständen sicher gut und notwendig. Aber abgesehen von Zahlen braucht wohl jeder Schafhalter auch ein gutes Auge und Gespür, um zu erkennen, ob seine Tiere in einem guten Ernährungszustand sind und sich wohlfüh-

Den Ernährungszustand ertastet man am Rücken des Schafes.

Tipp: Ernährungszustand feststellen
Scheitelt man die Rückenwolle eines ausgewachsenen Schafes mit der Hand und fährt mit Daumen und Zeigefinger rechts und links über den Rücken, sollten die einzelnen Wirbel zwar tastbar sein, aber nicht wie Höcker hervorstehen. Sind die Wirbel komplett eingebettet und weder zu sehen noch zu fühlen, dann ist das Tier zu fett.

len. Dazu gehört einige Erfahrung. Das dichte Wollvlies der Schafe verdeckt vieles, und jeder Anfänger ist gut beraten, sich in etwa an die einschlägigen Empfehlungen zu halten, um keine allzu großen Fehler zu machen.

Nicht nur zu wenig, auch zu viel und ungeeignetes Futter zur falschen Zeit kann den Schafen schaden. In den ersten Wochen der Trächtigkeit sollte möglichst keine Überversorgung entstehen. Getreidemischungen, als Kraftfutter bezeichnet, sind zwar auch rein pflanzlich, stellen aber durch die besondere Konzentration von Kohlehydraten und Eiweiß eine gegenüber Heu und Grünfutter geballte Versorgung dar.

Hochtragende Mutterschafe

Bei der Futterbemessung wird unterschieden zwischen Erhaltungs- und Leistungsbedarf. Erhaltungsbedarf heißt, ausreichend Nahrung zur Aufrechterhaltung der Körperfunktion und zur Bildung von Reserven. Zu dieser Mindestversorgung benötigt ein Schaf, von dem eine bestimmte Leistung gefordert wird, die entsprechend bedarfsgerechte Zusatzfütterung.

Der zusätzliche, tägliche Bedarf eines hochtragenden Schafes, zum Beispiel neben Weide oder Heu und Stroh zur freien Aufnahme, beträgt mindestens 400 bis 500 g einer Getreidemischung oder eines Fertigfutters. In den letzten drei bis vier Wochen vor dem voraussichtlichen Geburtstermin, man weiß ja nie genau, ob ein, zwei, drei oder gar vier Lämmer im Bauch sind, darf es auch etwas mehr sein. Niedertragende Schafe können ihren Bedarf noch vorwiegend mit Weide oder Heu und ganz wenig Kraftfutter zusätzlich, decken. Die Fütterung mit Heu pro Schaf lässt sich schlecht genau abmessen. Es sollte jeden Tag frisch in die Raufen gefüllt werden, um so den Tagesbedarf erkennen zu können. Bleibt etwas übrig, war die Menge in Ordnung, wird alles bis zum nächsten Morgen aufgefressen, kann großzügiger bemessen werden.

> **Info: Heubedarf**
> Meine zehn im Dezember hochtragenden Mutterschafe fressen bei vorwiegender Stallhaltung, was zu dieser Zeit die Regel ist, pro Tag ein bis eineinhalb Ballen Heu. Ein mittelgroßer Heuballen wiegt etwa 10 kg. Also frisst ein Schaf in dieser Zeit noch etwa 1,5 kg Heu täglich. Nicht mitgerechnet das immer zur Verfügung stehende, saubere Stroh.

Säugende Mutterschafe

Mutterschafe die Lämmer säugen, benötigen neben ausreichend gutem Heu und Stroh, bis etwa vier Wochen nach der Lammung pro Lamm und Tag mindestens 500 g Kraftfutter zusätzlich. Daraus ergeben sich für ein Mutterschaf, das drei Lämmer säugt, knapp zwei kg Kraftfutter täglich. Sind die Lämmer vier Wochen alt, nehmen sie außer der Muttermilch schon selbstständig reichlich Futter auf. Die Fütterung des Mutterschafes kann, besonders wenn schon täglich Weide möglich ist, langsam reduziert werden.

Eiweißgehalt des Futters

Der Eiweißanteil im Kraftfutter der Schafe und Lämmer sollte unbedingt rein pflanzlich sein. Um einigermaßen sicher zu gehen, kann man den Hersteller ansprechen, um den Nachweis der Herkunft des Rohproteins im Futter zu erfahren. Die Tatsache, dass das vorwiegend aus Südamerika importierte Sojaschrot inzwischen zum großen Teil aus genetisch veränderten Pflanzen stammt, könnte Veranlassung sein, über Alternativen nachzudenken. Diese wären zum Beispiel Futtererbsen und Ackerbohnen. Sie sind aber schwer zu bekommen. Früher bauten die Bauern auf einem Teil ihrer Felder Leguminosen an. So hatten sie, besonders im Winter, eine zusätzliche Eiweißfütterung für die Milchkühe. Solche Felder sieht man heute kaum noch. An ihre Stelle ist der Futtersack getreten!

Dank der Vormägen sind Schafe, im Gegensatz zu Hühnern oder Schweinen in der Lage, faserreiche Futterpflanzen zu veredeln, ohne auf die Zusatzfütterung von tierischem Eiweiß angewiesen zu sein. Deshalb können Schafe ausschließlich mit pflanzlichem Futter versorgt werden!

Futterumstellung der Lämmer

Im Alter von acht Wochen ist auch das Lamm ein Wiederkäuer. Die Muttermilch ist in diesem Alter nicht mehr die Hauptnahrung, sondern steht nur noch an zweiter Stelle. Die bis zu diesem Alter des heranwachsenden Lammes nötige, artgerechte Eiweißversorgung liefert immer noch die Muttermilch. Das heißt nicht, dass acht Wochen alte Lämmer unbedingt schon entwöhnt werden müssen. So nach der zwölften Woche aber kann das Angebot der Muttermilch allmählich versiegen. Weide oder im Winter auch noch Heu mit nicht zu hoch dosierten, langsam ansteigenden Kraftfuttermengen, beginnend mit etwa 100 g pro Lamm, bilden jetzt die Hauptnahrung. Da sich die meist unterschiedlich alten Lämmer gemeinsam über den Lämmerschlupf versorgen, ist ein wenig Fingerspitzengefühl nötig, um die richtige Futterdosierung zu finden.

Mineralstoffe

In kaum einem Weideaufwuchs in unseren Regionen sind die für die Gesunderhaltung der Schafe nötigen Mineralien und Spurenelemente in ausreichender Menge verfügbar. Es hängt ab von der Bodenbeschaffenheit und der dort wachsenden Pflanzen. Je größer die Weidefläche ist, welche die Schafe abgrasen können, umso mehr können sich die Tiere erlauben, die schmackhaften und nährstoffreichen Pflanzen auszusuchen, und die weniger geeigneten stehen zu lassen.

Die Zusatzversorgung durch eine Mineralfertigmischung ist also unerlässlich. Stehen Leckschalen oder Mineralecksteine zur Verfügung, können die Tiere selbst entscheiden, wie oft, wann und wie viel sie davon aufnehmen. Leider werden von unseren Schafen und Lämmern die aufgehängten roten Mineralecksteine, im Gegensatz zu den weißen Salzlecksteinen wenig benützt. Das täglich über das Kraftfutter gestreute Mineralgemisch, wird von den Tieren auch gerne „aussortiert". Ein großer Teil bleibt am Boden der Futterschüsseln zurück. Trotzdem sollten die Empfehlungen des Herstellers, meist ist das maximal ein gestrichener Esslöffel pro Tier und Tag, nicht überschritten werden. Zu viel kann sich auf die Gesundheit der Tiere genauso ungünstig auswirken, wie eine Unterversorgung. Lose Mineralmischungen auf Vorrat im Stall oder auf der Weide regensicher anzubieten, hat sich bei unseren Schafen nicht bewährt. Die losen Mischungen ziehen sehr stark Feuchtigkeit an und werden weich und breiig. Die Tiere haben sie zu keiner Zeit angenommen.

Nützliches Zubehör

Die jährliche Kör- und Absatzveranstaltung war ein Erfolg. Alle unsere Tiere konnten verkauft werden und der Preis war akzeptabel.

Mit einem korrekt sitzenden Halfter lassen sich Schafe leichter führen.

Nützliches Zubehör

014	Züchter:Letschert, Ursula, Am Bonnenstück 6, 51570 Windeck-Lüttershausen	
	Besitzer:Letschert, Ursula, Am Bonnenstück 6, 51570 Windeck-Lüttershausen	Milchschaf

HB-Nr: Zw	L-Nr:24294	Geb:03.02.2000
	Bw: Be:__ Wo:__ Äu:__	
05437 Dr +S Sturm Index 118 Bw: Be7-Wo6-Äu8	02828 Zw++Sandro Bw: 1745 Z S++++Sophie Bw: ML 1 A 150 519 5,82 30,17 4,14 21,49	Index 105 Fk: 7,0- 7-17-17
4598 Dr+S+Garnele Fk: 3,0- 3- 7- 7 Bw: -Wo6-Äu8-Eu7-St7 ML: 1 A 150 553 3,44 19,06 5,46 30,22 LL: 1 A 205 756 3,99 30,21 5,28 39,89	02474 Z+S+S*+Picolino Bw: 2433 E+++Goldi Bw: ML:1 A 150 405 4,62 18,73 4,83 19,57	Index 129 Fk: 4,0- 4- 9- 9

Siegerbock mit Abstammungsnachweis.

Auf dem Freigelände rund um die Auktionshalle haben, wie in jedem Jahr, zahlreiche Firmen in Verkaufsständen ihre Produkte angeboten. Von der Stalleinrichtung bis zur Lämmermilchflasche ist alles zu haben.

Hier können sich die Züchter und Schafhalter mit allem eindecken. Und es gibt immer Dinge, die nötig oder praktisch sind, hier hat man also die Chance, solche Einkäufe zu machen.

Flexible Trennwände

Da meine Geldtasche nach dem Verkauf der Lammböcke wieder besser gefüllt ist, entschließe ich mich, nach langem Zögern, jetzt endlich die ersten Elemente eines vollverzinkten, stabilen und flexiblen Hordensystems anzuschaffen. Bei Schafzüchterkollegen habe ich gesehen, wie praktisch solche leicht zu montierenden, wetterfesten und schnell versetzbaren Horden sind. Genau das, was ich mir für den Schafstall vorstelle. Je nach Bedarf können kleine Pferche oder Trennwände schnell und Kräfte sparend auch von nur einer Person zusammengesteckt werden. Werden sie im Stall nicht benötigt, dienen sie vorübergehend auch als Tor oder Weidebegrenzung. Dies ist eine gute Alternative zum Beispiel auch für die doch mit mehr Aufwand hergestellten Ablammboxen aus Holz.

Es muss nicht alles auf einmal angeschafft werden. Man kann mit einigen Grundelementen beginnen und dann, je nach Bedarf und der wirtschaftlichen Lage, das System erweitern. Die verschiedenen Horden sind in ihren Einzelteilen zueinander passend. Sofern die Verbindungsösen vorhanden sind und die Breite stimmt, kann auch Material verschiedener Hersteller kombiniert werden. Mein Anfangssortiment besteht aus folgenden Teilen:

Zehn Standardhorden (ab zehn Stücke wird es billiger!), davon einige aus Wellgeflecht, ideal für Ablammboxen.

Eine Futterhorde mit Vorrichtung zum einfachen Einhängen des dazu passenden, verzinkten Trogs.

Zwei Doppeleimerhalter zum Einhaken, in die auch meine seit langem bewährten Futterschüsseln passen.

Eine stabile Lämmerschlupfhorde mit vielen verstellbaren Durchlässen.

Als besonderen Luxus habe ich mir noch ein durch Rückfeder leicht selbst schließendes Hordentor geleistet. So muss ich zum Beispiel bei einem schnell zusammengesteckten Ablammpferch während der Geburt und zur anschließenden Versorgung

Halterungen für Futter- und Wassergefäße, die variabel eingesetzt werden können, sind eine lohnende Anschaffung.

der Neugeborenen nicht über die Horden klettern. Jede der Horden erhält durch Verbund und rechtwinklige Aufstellung ihre Standfestigkeit. Zu Hause angekommen, wurde erst einmal eine Weile hin- und hergesteckt.

Klauenbadwanne

Schon lange überfällig war ein Klauenbad, welches als Durchlaufwanne sowie als Standdesinfektionswanne verwendet werden kann. Gut geeignet sind Klauenbäder aus glasfaserverstärktem Kunststoff. Die Wannen, zum Beispiel mit den Maßen 150 × 90 × 12 cm und einem Gewicht von etwa 17 kg lassen sich beliebig angeordnet verwenden. Egal in welcher Anordnung, die Wannen überlappen gegenseitig, so dass ein Verrutschen unmöglich ist. Desinfektionsmittel, gleich welcher Art, können dem Material, das auch stoß- und schlagfest ist, nichts anhaben. Das Entleeren von wieder verwendbaren Desinfektionsmitteln in Vorratsbehälter lässt sich durch Ankippen der Wanne leicht bewerkstelligen, da diese sehr handlich ist.

Die vier Desinfektionswannen können im Verbund angeordnet werden zu 3 × 1,80 m oder 6 × 0,90 m oder 1,50 × 3,60 m. Es lassen sich somit beliebig große Flächen belegen und mit Horden begrenzen. Der Transport ist auf Grund der praktischen Größe unproblematisch. Die Standfläche ist auf Lebenszeit spezialbehandelt, damit wird 100 %ige Rutschfestigkeit garantiert.

Heu und Stroh für den Winter

Das Winterheu und reichlich, frisches Stroh sind angeliefert worden. Es ist weiches Heu von noch grünlicher Farbe, so wie es die Schafe gerne fressen. Der frische, aromati-

> **Tipp: Sauberes Heu**
> Heu das beim Aufschütten zu sehr staubt, ist häufig mit Erde vermischt und daher auch nicht so brauchbar. Außerdem wird beim Fressen die im Winter meist etwas feuchte Wolle, besonders im Nackenbereich so stark verklebt und verschmutzt, dass sie kaum noch zu säubern ist.

sche Duft ist ein Genuss, nicht nur für die Tiere. Wie im Sommer die Weide, so ist das Heu im Winter das wichtigste und wertvollste Grundfutter der Schafe. Das Ernteergebnis muss deshalb von erster Qualität sein. Braunes, unansehnliches Heu hat nach der Mahd zu viel Regen abbekommen und ist als geringwertiges Futter anzusehen. Hartes und langes Heu, das die Milchschafe nur widerwillig fressen, wird ohnehin erst einmal aus der Raufe gezerrt. Ist das schmackhafte aussortiert, fällt das weniger Brauchbare auf den Boden.

Unser Heulieferant ist ein Landwirt, welcher selbst keine Tiere mehr hält, und die nicht mehr beweideten Grünflächen ausschließlich zur Heugewinnung nutzt. Mehrere Schafzüchter aus der Region sind seine Kunden. Er kennt ihre Wünsche und liefert in jedem Jahr ein schafgerechtes Winterfutter. Die bereits sehr gut trockenen Heuballen wurden schon einige Zeit in einer großen, gut durchlüfteten Halle eingelagert und können enger gestapelt werden.

Wird Heu ungenügend getrocknet und vielleicht aus Weidemangel auch noch zu früh an die Schafe verfüttert, kann es bei den Tieren zu Magen- und Darmbeschwerden kommen. So können saugende Lämmer, deren Mütter zu viel frisches Heu aufgenommen haben, durch die Milch Durchfall bekommen. Die mit dem Heu geernteten Innenparasiten sind bei zu kurzer Lagerung

Disteln auf der Weide sollten nicht zum Aussamen kommen

noch nicht abgestorben. Die Schafe können sie beim Fressen aufnehmen und sich neu infizieren. Durch unsachgemäße Lagerung angeschimmeltes Heu ist kein Schaffutter mehr. Es gehört aus dem Stall entsorgt. Während der Winterlagerung vermindert sich der Futterwert allmählich. Bereits zum Ende der Heufütterung im Frühjahr ist der Vitamingehalt im Heu stark reduziert.

Herbstboten

Die Schwalben und Bachstelzen haben uns wieder verlassen und sind in den wärmeren Süden gezogen. Dafür singen die Rotschwänzchen umso kräftiger. So, als wollten sie die Ausfälle wieder wett machen.

Es wird höchste Zeit die Weiden noch einmal nachzumähen. Die Disteln verblühen bereits. Bald werden sie Samen ansetzen und gemeinsam mit dem Wind zu einer neuen Distelgeneration starten. Damit sich die Schafweiden nicht mit der Zeit in ein Distelfeld verwandeln, muss dies von Menschenhand konsequent verhindert werden.

Regelmäßige Weidepflege fördert den gewünschten Aufwuchs.

Oktober

Wer wenig bedarf,
der kommt nicht in die Lage,
auf vieles verzichten zu müssen.
(aus der Erinnerung)

Die Renovierungs- und Ausbesserungsarbeiten am Schafstall sind beendet. Alles ist rechtzeitig fertig geworden und die Schafe können endlich wieder in ihr vertrautes Zuhause einziehen. Eine zusätzliche Tür in der erneuerten Wand zur Weide hin verschafft bei der Unterbringung der Tiere wieder etwas mehr Spielraum. Die Türflügel sind unterteilt, sodass die obere Hälfte für sich geöffnet werden kann. Da an dieser Stelle des Stalles im Januar die neu erworbenen Ablammsteckboxen aufgestellt werden sollen, bedeutet das frische Luft und ausreichend Tageslicht für die Neugeborenen.

Ich möchte immer wieder darauf hinweisen: Das Schaf ist eines der luftbedürftigsten aller Haustiere. Milchschafe benötigen trockene, hohe Ställe mit ausreichend Luftschächten im oberen Bereich. Der Stall kann kalt sein, wenn er nur trocken, hell und windgeschützt ist. Feuchte Wärme und Zugluft vertragen die Tiere nicht. Daher sind weder gemauerte Kuhställe mit kleinen Fenstern, noch ausrangierte Schweinekoben zur Unterbringung von Milchschafen geeignet. Am liebsten ist es den Schafen, wenn sie selbst entscheiden können, auch im Winter, ob, wann und wie lange sie überhaupt den angebotenen Stall aufsuchen.

Herbstlämmer

An einem sonnigen, goldenen Oktobertag wird der zwar ungeplante, aber zuletzt dann doch wieder freudig erwartete Milchschafnachwuchs geboren. Die tägliche Stallarbeit war eigentlich schon erledigt. Aber irgendwie hatte mich der Putzteufel gepackt, und ich nahm mir noch einmal alle Futterschüs-

In der neuen, stabileren Stallwand sind die Türflügel unterteilt. So gibt es genügend frische Luft und Tageslicht im Stall.

seln und Trinkeimer zur gründlichen Reinigung vor. Die Arbeit mit Bürste und viel Wasser machte bei diesen, fast sommerlichen Temperaturen einfach Spaß. Alle Tiere waren auf der Weide.

Irgendwann so gegen Mittag registrierte ich, wie unsere werdende Mutter dann ganz alleine und gemächlich von der Weide zurück in den bereits mit viel frischem Stroh für die Nacht hergerichteten Stall trottete. Kaum ist das Schaf im Stall angekommen, veranlassen mich einige typische Geräusche, doch einmal nachzusehen. Ich erkenne gerade noch, wie unmittelbar hintereinander, innerhalb weniger Minuten ein, zwei, drei Lämmer so einfach ins Stroh fallen. Auch die Nachgeburt ist gleich dabei. Eine ziemlich blutige Angelegenheit das Ganze. Ich bin einigermaßen überrascht – das hier ist keine Geburt wie üblich. So recht will auch gar keine Freude bei mir aufkommen, auch nicht wie sonst das Gefühl, irgendetwas geschafft zu haben.

Jetzt stecke ich erst einmal, von der Mutter nicht beachtet, mit vier Horden einen kleinen Pferch um die Gruppe. In der Eile habe ich das Tor vergessen und muss nun doch wieder klettern. Auch die junge Mutter scheint ziemlich erstaunt. Sie kommt gar nicht dazu, wie sonst üblich, ihre Kinder einzeln nacheinander abzulecken und zu säubern. Und so sehen sie dann auch aus. Es scheint ihr allerdings auch nicht der Mühe wert zu sein. Die ziemlich blutigen, neuen Erdenbürger bleiben so, wie sie angekommen sind. Bei den hohen Außentemperaturen ist das auch nicht so wichtig. Trocken werden sie heute von selbst. Ihre Mutter schlürft bereits in langen, hörbaren Zügen, genüsslich das frische Wasser aus dem Eimer, den ich inzwischen an einer Horde eingehängt habe. Die drei, offenbar ohne großen Geburtsstress, sind bereits auf den Beinen und schon gut zu Fuß in Richtung Euter. Hier läuft scheinbar alles im Eiltempo ab.

Nach einem Rundblick auf die ziemlich ausgeglichen wirkende junge Mutter nebst Nachwuchs habe ich den Eindruck, dass außer der Nabeldesinfektion und des Entfernens der Nachgeburt aus dem Stroh keine weitere Hilfe meinerseits erforderlich ist. Es kann abgewartet werden, bis alle drei von selbst getrunken haben. Da ich mich grundsätzlich nach einer Geburt erst entferne, wenn ich ganz sicher bin, dass alle Lämmer mit der ersten Milch versorgt sind, nutze ich die Zeit, um mich auf einem Strohballen von der nicht geleisteten Hilfe zu erholen. Auch die Futterschüssel mit klein geschnittenen Möhren und Äpfeln, die ich noch neben den Tränkeeimer platziert habe, ist inzwischen von dem Mutterschaf leer gefressen.

Am Abend, nach Sonnenuntergang, kommt die Herde von der Weide in den Stall zurück. Bei einigen, älteren Mutterschafen ist das Interesse für die Neuankömmlinge groß und mehrmals ist ein kräftiges „Mäh" zu hören. Die anderen interessiert lediglich das bereitgestellte Kraftfutter und sie nutzen die allgemeine Ablenkung, um sich eine doppelte Portion einzuverleiben. Heute Abend werden wohl einige Schafe leer ausgehen.

Körperpflege

Am nächsten Tag entscheide ich, dass die drei blutverschmierten Lämmer so nicht bleiben können. Sie sehen immer noch aus wie durch den Fleischwolf gedreht. Nach einer Ganzkörperreinigung mit warmem Wasser sind es dann endlich „richtige" Milchschaflämmer. Anschließend nehme ich mir das Mutterschaf vor. Das inzwischen eingetrocknete Blut an Euter, Schwanz und Hinterbeinen wird abgeschrubbt. Die lange, verklebte Wolle am Hinterteil schneide ich mit der Schere ab. Danach betrachte ich mein Werk und bin zufrieden. Wieder einmal fasziniert mich der jetzt so mütterliche Ausdruck im Gesicht der jungen Milchschafmutter. Dabei gehen mir so mancherlei Gedanken durch den Kopf.

Rat und Tat

Die Unsicherheit der ersten Jahre im Umgang mit den Schafen und Lämmern ist allmählich der Erkenntnis gewichen, dass ich gelernt habe, in jeder Situation richtig zu entscheiden. Auch unerfahrene Neulinge in der Schafhaltung fragen mich schon einmal um Rat oder bitten um tatkräftige Hilfe.

Ein Schafhalter einer anderen Schafrasse aus der näheren Umgebung hatte Probleme bei einer Lammung und bat mich am Telefon, ihm weiterzuhelfen. Auf Grund der Schilderung entschied ich mich, die Situation vor Ort zu beurteilen. Beim Schafstall angekommen, hörte ich schon die Klagelaute des gebärenden Schafes. Ich erkannte schnell, dass es nicht mehr allein zurecht kam. Ein Lamm war schon geboren und lief umher. Wie lange schon, wusste der Besitzer nicht. Er war erst auf die Geburt aufmerksam geworden, als das Mutterschaf um Hilfe rief!

Während der Untersuchung des schon ziemlich erschöpften Tieres vermutete ich, dass bei einer normalen Hinterendlage (siehe Seite 22) des zweiten Lamms, der Verlauf der Geburt unterbrochen war, offenbar wegen einer plötzlich eingetretenen Wehenschwäche. Um Medikamente einzusetzen blieb keine Zeit mehr, das Lamm musste so schnell wie möglich aus dem Geburtsweg geholt werden. Das gelang problemlos. Das schon ziemlich schlappe Geschöpf lag im wahrsten Sinne des Wortes bereits in den letzten Zügen. Ein Griff in das kleine, verschleimte Maul, um ein besseres Atmen zu ermöglichen, Körpermassage und eingeflößte Milch, weckten die Lebensgeister erst allmählich.

Ein ebenfalls völlig erschöpftes, drittes Lamm konnte dann auch noch mühelos, da besonders klein, an das Licht der Welt geholt werden. Für den Eingriff war es höchste Zeit, aber alles war noch einmal gut gegangen. Nachdem ich mir gründlich die Hände gewaschen und auch ein antibakterielles Desinfektionsmittel benutzt habe – nicht nur das Tier, auch der Mensch muss sich schützen – verabschiede ich mich und empfehle dem Schafhalter noch, das Muttertier genau zu beobachten und bei Unregelmäßigkeiten unbedingt den Tierarzt zu holen.

Das Euter

Seit der Geburt der Lämmer im Frühjahr produzieren die Mutterschafe jetzt immer noch mehr oder weniger viel Milch. Vorausgesetzt, das Euter wird regelmäßig zwei Mal täglich entleert oder die Lämmer sind noch nicht abgesetzt. Solange das Euter stimuliert wird, sei es durch den Melker, die Melkerin oder das tägliche Saugen der Lämmer, kommt bei guten Mutterschafen die Milchbildung selten zum Erliegen.

Trockenstellen

Da nun alle Tiere wieder tragend sind, ist mit Rücksicht auf das Mutterschaf und die wachsende Frucht eine Ruhepause ab Ende

---

Info: Euterentwicklung
Das Euter ist für eine Erstgebärende ziemlich gut entwickelt und die Striche sind für die Lämmer leicht erreichbar. Nicht immer ist es bei Erstlammenden unmittelbar nach der Geburt der Lämmer so deutlich ausgeprägt. Erst durch das regelmäßige Saugen der Lämmer wird die Milchproduktion, und dadurch die Weiterentwicklung des Euters gefördert.

Die neugeborenen Herbstdrillinge sehen noch nicht sehr appetitlich aus...

Oktober oder Mitte November unbedingt nötig. Wird abrupt damit begonnen, kann es durch den zwangsläufig entstehenden Milchstau, wenn nicht mehr abgemolken wird, zu gesundheitlichen Schäden kommen. Wird keine Milch mehr entnommen, läuft die Produktion zunächst unvermindert weiter. Das Euter bleibt prall gefüllt und ist bereits eine unerkannte Besiedlung mit Bakterien vorhanden, besteht die Gefahr einer Euterentzündung.

Ein wenig mehr Mühe macht das allmähliche Trockenstellen der Mutterschafe. Es ist aber für die Gesundheit der Tiere von Vorteil. Das heißt, das Schaf wird veranlasst, die Milchproduktion Schritt für Schritt zu reduzieren. Bei meinen Schafen, die noch regelmäßig gemolken werden, beginnt es damit, dass zunächst nur noch einmal täglich Milch entnommen wird. Das Zusatzfutter wird drastisch reduziert und wenn möglich, eine weniger saftige Weide angeboten. Das Reduzieren der Tränke ist nutzlos, unnötig und nicht tiergerecht. Bei einigen Schafen vermindert sich schon jetzt die Milchproduktion. Fühlen sich die Euter am Abend merklich lockerer an, gibt es Melkabstände von zwei oder auch bald drei Tagen, bis das Euter sichtbar schlaff bleibt. Auf jeden Fall aber ist erhöhte, regelmäßige Aufmerksamkeit nötig, um die Veränderung des Euters zu verfolgen.

Bei leistungsstarken Milchschafmuttern wird die Milchproduktion durch das wiederholte Melken, auch wenn die Abstände groß sind und es wenig Futter gibt, immer wieder angeregt. Es ist viel Erfahrung nötig und auch Gefühl, um für das jeweilige Schaf den richtigen Weg zu finden.

Mastitis

Wenn keine Milch mehr von außen entnommen wird, beginnt die Resorption der Milch im Milchdrüsengewebe und das Euter bildet sich allmählich zurück. Gleichzeitig entsteht im Strichkanal eine Schutzbarriere, die das Eindringen von Keimen verhindert. Wird während der Rückbildung des Euters Milch entnommen, ist diese Barriere natürlich wieder unterbrochen. Ist das Euter trotz aller Vorsichtsmaßnahmen und täglichen Kontrollen hart, heiß, berührungsempfindlich oder ist die schwer melkbare Milch gar schon flockig, kündigt sich eine Euterentzündung an.

> **Info: Euterentzündungen nicht auf die leichte Schulter nehmen**
> Eine akute Euterentzündung muss sicher ausgeheilt sein, bevor das Schaf in die nächste Lammzeit geht. Bleiben auch nur wenige Erreger in der Laktationspause zurück, ist während sich das Euter für die bevorstehende Geburt neu ausbildet, eine explosionsartige Vermehrung vorprogrammiert. Bemerkt wird das Debakel vom Betreuer der Schafe meist erst unmittelbar nach der Geburt der Lämmer.

Solange es noch möglich ist, sollte dann sofort häufig und gründlich ausgemolken werden und eine Probe des Gemelks in ein Untersuchungsinstitut gebracht werden. Wird ein Mastitiserreger festgestellt, verordnet der Tierarzt anhand des erstellten Profils die passende Antibiotikatherapie. Hier muss die Entscheidung zur Weiterbehandlung dann auch sofort fallen und der Schafhalter sollte nicht mehr versuchen, das Problem selbst in den Griff zu bekommen. Das große, pralle Euter ist dann leider nicht voller guter Milch, sondern weist bereits die gefürchteten Symptome auf. Die Neugeborenen haben keine erregerfreie Biestmilch und eine kranke Mutter. Sie dürfen auf keinen Fall die infizierte Milch aufnehmen und werden somit arbeitsaufwändige Flaschenlämmer.

Auch das Mutterschaf gehört in die Krankenbox und von den übrigen Schafen getrennt, damit eine Übertragung der ansteckenden Erreger vermieden wird. Jetzt beginnt das Unternehmen Mastitisbekämpfung von Neuem. Ob mit Erfolg ist zweifelhaft. Häufig versagt erst eine Euterhälfte, dann die zweite. Zuletzt geht das Muttertier verloren. Möglicherweise bleiben dann lediglich die Mastitiserreger dem Stall erhalten! Zu überlegen wäre, ob ein Schaf bei dem eine akute Mastitis diagnostiziert wird, nicht besser ausgemerzt werden sollte. Auch im Interesse der gesamten Herde.

> **Info: Trockensteller**
> Die Methode, so genannte Trockensteller zu verwenden, habe ich wieder verworfen. Die Bezeichnung Trockensteller ist etwas irreführend. Ihre Anwendung hat keinerlei Einfluss auf die Reduzierung der Milchbildung. Es handelt sich hier um eine spezielle Antibiotikakombination mit einer besonders langen Wirkungsdauer. Eine Maßnahme, um eine mögliche Erregerbesiedlung während der Trockenzeit des Schafes zum Erliegen zu bringen.

...nach einer Ganzkörperreinigung aber sind richtige Milchschaflämmer daraus geworden.

Zufütterung der Herbstdrillinge

Die Drillinge sind jetzt drei Wochen alt. Schon wenige Tage nach der Blitzgeburt wurde der kleine Pferch wieder abgebaut. Das Mutterschaf und auch die Lämmer nutzten sofort den größeren Freiraum im Stall. Diverse Lämmersprünge und kleine Wettläufe demonstrierten das allgemeine Wohlbefinden. Den Abend und die Nacht verbrachten sie bereits inmitten der Herde. Am nächsten Morgen zog die kleine Familie dann wie selbstverständlich mit auf die Weide. Mehrmalige Kontrollgänge ergaben: Alles bestens! Die Lämmer hatten Glück, bei dem dauerhaft milden Herbstwetter konnten sie täglich mehrere Stunden Sonne tanken. Ein guter Start in die allmählich dunkler und kälter werdende Jahreszeit. Alle drei Lämmer werden, so wie es aussieht, auch noch satt. Das Milchangebot der eigenen Mutter ist ausreichend. Sicherheitshalber wird der kleine Bock zusätzlich an die Flasche gewöhnt. Das Jungschaf hat zwar gegenüber den Gleichaltrigen die ersten Lämmer mehr als sechs Monate später geboren, aber es ist trotzdem ihre erste Lammung. Gleich drei Lämmer über längere Zeit zu säugen, bedeutet doch eine ziemliche Leistungsanforderung.

Obwohl das Trockenstellen der bis jetzt täglich gemolkenen Schafe begonnen hat, produzieren zwei der älteren Schafe immer noch genügend Milch, um zwei Mal täglich eine Lämmerflasche zu füllen. Morgens und abends wird zugefüttert. So werden mit Sicherheit auch weiterhin alle drei satt und es gibt kein Gerangel um Mutters Milchquelle. Der kleine Kerl hat schnell begriffen, was ihm da angeboten wird, und die Umgewöhnung klappt reibungslos. Bei Mehrlingen ist es sinnvoll die Zusatzmilchfütterung immer dem gleichen Lamm anzubieten. Es verschafft dem Betreuer einen besseren Überblick und vereinfacht die Arbeit.

Pause der Käseproduktion

Die Käseproduktion ist inzwischen eingestellt. Die geringe Milchausbeute lohnt den Aufwand nicht mehr. Außerdem ist Milch, die unregelmäßig nur alle zwei bis drei Tage abgemolken wird, zur Käseherstellung nicht so gut geeignet. Auch der Jogurt aus dieser Milch schmeckt nicht mehr.

Hochleistungsschafe

Der Milchüberschuss wird portionsweise eingefroren, bei Bedarf aufgetaut und verfüttert. Für den menschlichen Genuss hat die eingefrorene Milch ihren guten Geschmack verloren, für die Lämmer aber bedeutet sie einen vollwertigen Ersatz. Den Löwenanteil der Milchmenge bekomme ich immer noch von einem vier Jahre alten Mutterschaf. Im vorigen Jahr gebar sie gesunde, kräftige Vierlinge und hatte „Milch ohne Ende". Alle Lämmer konnten mit der eigenen Muttermilch großgezogen werden. Zwei davon über die Flasche. Auch in diesem Jahr war sie mein stärkster Milchlieferant. Eine Laktationspause will sie freiwillig nicht einlegen. Ob abmelken oder tagelang in Ruhe lassen, das extrem große Euter ist immer wieder voller Milch. Futterentzug bringt auch nichts. Sie ist ohnehin klapperdürr und scheint jegliche Reserve für die Milchbildung abzuzweigen. Wahrscheinlich kann sie auch das Trinkwasser in Milch umwandeln.

Andererseits habe ich bei dem Gedanken an dieses Hochleistungstier auch ein schlechtes Gewissen. Ist das angestrebte Ziel erreicht, Mutterschafe mit einer hohen Milchleistung zu bekommen, wird dann mit Gewalt versucht, die Leistung wieder zu schmälern? Wie auch immer – ich hoffe, dass ich es bis Ende November geschafft habe, auch das letzte Schaf in den wohlverdienten und nötigen „Melkruhestand" zu schicken.

November

…, lass rauschen durch
das welke Laub die Füße.
(aus der Erinnerung)

So ist der Mensch nun mal,
erst wenn ihm etwas genommen wird,
merkt er, was er verliert.
(aus der Erinnerung)

Obwohl es nun schon November ist, fallen immer noch vertrocknete Früchte von Nachbars Pflaumenbaum über den Weidezaun. Die Schafe sollten nichts davon fressen. Die in den Pflaumensteinen enthaltene Blausäure wird von den Tieren auch in kleinen Mengen nicht vertragen. Daher werden alle diese schrumpeligen Dinger aufgelesen und wandern auf den Kompost.

Deckböcke

Das Wetter erlaubt zwar noch täglich Weidegang, aber mit Rücksicht auf die Lämmer, nicht mehr so früh am Morgen. Die Lämmer können Durchfall bekommen, wenn sie zu viel von den in dieser Jahreszeit morgens noch stark betauten Weiden abgrasen. Erst wenn sich der Nebel verzogen und sich die

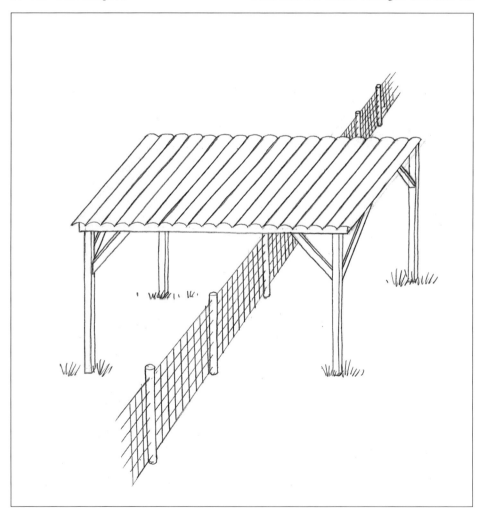

Wetterschutz über zwei Koppeln.

Sonne durchgesetzt hat, steht das immer noch begehrte Grünfutter zur Verfügung. Inzwischen sind auch die drei isoliert gehaltenen Nachwuchslämmer wieder in der Herde. Für sie wurde für einige Wochen ein Leihbock erworben. Da sicher ist, dass der Bocksprung bei allen dreien mehrmals vollzogen wurde, konnte er wieder in seine Stammherde zurück gebracht werden.

Zwei Deckböcke in einem relativ kleinen Milchschafbestand über den Winter zu bringen, ist doch etwas übertrieben und wenig wirtschaftlich. Die hoffentlich tragenden Zuchtlämmer wurden nach einigen Abwehrversuchen der älteren Mutterschafe wieder gut in die Familie aufgenommen. Eines ist von der eigenen Mutter wiedererkannt worden und die seinerzeit jäh unterbrochene liebevolle Umsorgung wurde wieder aufgenommen.

Der Altbock läuft immer noch mit der Herde. Er frisst natürlich viel zu viel. Ich werde versuchen, ihn abends etwas abzulenken, bis die anderen ihre inzwischen wieder langsam großzügiger gefüllten Futterschüsseln halbwegs geleert haben. Es fällt mir schwer, diesen freundlichen Kerl zu isolieren und in den, wenn auch großzügig angelegten Bockauslauf nebst Stall zu sperren. Er signalisiert immer wieder, dass er nicht allein und lieber bei „seinen" Mutterschafen sein möchte. Er benimmt sich aber immer noch ordentlich und sind seine Forderungen nach Streicheleinheiten zu heftig, werde ich laut und er trollt sich. Das ist bei Milchschafböcken gar nicht so selbstverständlich.

Sind die Jungböcke geschlechtsreif und haben sie das erste Mal ihre Pflicht, für Nachwuchs zu sorgen erfüllt, verändert sich häufig ihr Verhalten. Auch dem vertrauten Betreuer gegenüber. Waren sie bisher liebenswürdig und anhänglich, werden sie möglicherweise lästig aggressiv. Erhöhte Aufmerksamkeit ist dann geboten. Den Rücken sollte man einem erwachsenen Bock ohnehin nicht zudrehen. Je größer und stärker die Böcke werden, umso schwieriger kann es werden, sie bei Freilauf zu manipulieren. Auch ist es nicht sehr angenehm, bei der Arbeit inmitten der Schafe, ständig einen möglicherweise zum Stoß Anlauf nehmenden Bock im Auge zu behalten.

Wintervorbereitung

An einem kalten, aber trockenem Tag kommt der Nachbarssohn und bietet an, wie versprochen, den gut gelagerten Schafmist mit dem Miststreuer auszubringen und zusätzlich auch noch einen Teil der Weide zu kalken. Die Empfehlung, den Boden der Weidefläche am Waldrand alle drei Jahre mit Kalk zu versorgen, hat sich offenbar bewährt. In diesem Jahr werden wieder etwa 10 dz/ha ausgestreut. So ist der pH-Wert des Bodens verbessert, die Moosbildung wird unterdrückt und es kommt wieder mehr schafgerechter Aufwuchs zum Vorschein. Die Arbeit mit dem Miststreuer ist in vollem Gange. Die unterste Schicht des Mistberges ist schon zu schwarzer, duftender Erde geworden. Da müssen auf jeden Fall einige Schubkarren für den Garten abgezweigt werden. Ich lasse alles stehn und liegen und bringe meine Erde in Sicherheit, bevor alles auf den Weiden verteilt ist. Nach dieser Versorgung mit Mist und Kalk werden die Weidetore bis Anfang März geschlossen. Den Schafen bleibt nur eine kleine, unbehandelte Winterweide direkt am Stall.

Letzte Klauenkontrolle und Wurmkur

Bevor es in die Winterpause geht, werden noch einmal die Klauen kontrolliert und, wenn erforderlich, nachgebessert. Alle müssen ran! Die Mutterschafe sind jetzt noch

Mit den richtigen Handgriffen wird das Schaf Kraft sparend umgesetzt.

Diese „Sitz"-Position erleichtert die Klauenpflege um ein Vielfaches.

niedertragend und die unangenehme Prozedur, im Sitzen stillhalten zu müssen, für die Tiere gut erträglich. Die drei Lämmer bekommen bei dieser Gelegenheit ihre Lammnummern ins linke Ohr eingezogen. In der Hauptlammzeit im Frühjahr geschieht das etwas früher, wenn die Lämmer noch kleiner sind, damit sie mit Sicherheit der richtigen Mutter zugeordnet werden. Aber hier und heute gibt es ja nur eine Schafmutter mit drei Lämmern.

Auch die „Jahresabschlusswurmkur" aller Schafe ist noch fällig. Die ungefütterten Tiere bleiben nach der üblichen Medikamenteneingabe ungefähr zwölf (oder mehr) Stunden bei geschlossener Stalltür isoliert unter dem Vordach. Dort wird über Nacht reichlich abgekotet. Anschließend dürfen sie auf die reservierte Winterweide. Der Rückzug bleibt ihnen während dieser Zeit verwehrt. Inzwischen wird der abgegangene Kot kontrolliert und unter Zusatz von etwas ungelöschtem Kalk zusammengekehrt und entsorgt. Da wir Minustemperaturen haben, verlieren abgegangene, möglicherweise noch ansteckende Wurmstadien so weitgehend ihre Aktivität. Es kommt zu keiner gravierenden Neuinfektion. Die später eingeschickten und untersuchten Kotproben der behandelten Tiere werden genauere Informationen über den Stand der Innenparasitensituation bringen.

Wintergrüße

Jetzt räumen auch die Dahlien ihre Gartenresidenz und ganz allmählich zieht man warme Sachen an. Die Blätter, die noch die

Kraft der Sonne einfingen, verlieren ihr sattes Grün. In den kälteren Monaten werden sie nicht mehr gebraucht. In der ersten kalten Nacht hat sich der Kastanienbaum fast all seiner Blätter entledigt. Irgendetwas vermisse ich, als ich am Nachmittag das noch feuchte Laub zusammenkehre. Natürlich, es gibt fast gar keine Kastanien. Sie fehlen, die schönen, aus der aufgeplatzten Fruchthülle glänzenden Früchte. Ähnlich sieht es bei den Wal- und Haselnüssen aus. Ganz wenig Baumfrüchte in diesem Jahr.

Hoffentlich wird der Winter nicht so kalt. Die Winterschläfer, Insektenfresser wie Igel und Fledermaus, müssen von den Fettpolstern zehren, die sie sich vorher angefressen haben. Weil Frost und Schnee viele Tiere vor Nahrungs- und Temperaturprobleme stellt, haben die einen den Süden angesteuert. Die anderen verstecken sich im geschützten Unterholz und greifen auf die im Herbst angelegten Vorräte zurück. Finden sie zu wenig Lagerfrüchte, kann es in langen, strengen Wintern eng werden.

In einer Nacht, Ende November, haben wir den ersten Frost. Auch diese Jahreszeit hat ihr Gutes. Trotz abweisender Kälte und Nebel gibt es im wahrsten Sinne des Wortes anziehende Momente. Der geflickte alte Parka kommt, samt Handschuhen und Winterstiefeln wieder zum Einsatz. Zwar ist das Laub endgültig gefallen und Bäume, Sträucher und Hecken sind fast leer, aber anders als im belaubten Sommer blickt mehr Himmel durch die kahlen Bäume. Die Sonne wird mit größerer Intensität wahrgenom-

Die Herbstlämmer bekommen ihre Lammnummern eingezogen.

Selbst im Winter suchen die Schafe Schutz unter dem nicht vorhandenen Blätterdach ihrer Eiche.

men, gerade weil sie weniger scheint. Diese dunkle, manchmal auch unfreundliche Jahreszeit ist eine Zeit der Ruhe in der Natur.

Nicht jeder Mensch hat die Möglichkeit, dies zu genießen und fliegt lieber, wenn manchmal auch nur in Gedanken, in südlichere Regionen. Da könnten es die Schafhalter, wenn sie wollen, leichter haben. Die Arbeit mit den Tieren kann im November/Dezember gut auf ein Minimum reduziert werden. Ist es draußen unfreundlich, bleibt Zeit für Besinnung oder Gespräche und Geselligkeit. Der Aufenthalt im Stall, vielleicht mit einem Buch, gemütlich auf einem Strohballen, kann wie eine „Tankstelle" wirken. Getankt werden unter anderem Pläne und Ideen für das kommende „Schafjahr". Es gibt ja immer etwas zu verbessern oder zu erneuern und auch nur wer sich hin und wieder ein wenig Zeit nimmt, seine Schafe zu beobachten, lernt sie und ihre Eigenarten kennen.

Der kostenlos erstandene und sorgfältig eingeteilte Apfelvorrat für die Schafe geht allmählich zu Ende. Die alten, knorrigen Apfelbäume einer nahe gelegenen Streuobstwiese tragen noch in jedem Jahr reichlich Früchte. Nur pflücken will sie keiner mehr. Ich habe mir von dem Besitzer der Wiese die Erlaubnis geholt, einige Körbe Äpfel zu pflücken. Auch zwei Schubkarren Fallobst für die Schafe wurden bewilligt. Täglich wird ein Eimer Fallobst sorgfältig ausgeschnitten und in „schafmundgerechte" Stücke geteilt. Abends über das Kraftfutter geschüttet, ist das für alle Schafe eine Delikatesse.

Dezember

Die Krähen schrein
und ziehen schwirren Flugs zur Stadt
bald wird es schnein, –
weh dem, der keine Heimat hat!
(Friedrich Nietzsche)

Ein Lammgesicht – immer wieder einen Schnappschuss wert.

Es ist eisig kalt. Die Zaunkönige übernachten bereits in den im Frühjahr von den Männchen zusätzlich gebauten Spielnestern in und um den Schafstall. Die wieder hergerichteten Vogelfutterhäuschen im Garten sind alle gefüllt. Es gibt Sonnenblumenkerne, Nüsse und diverse Sämereien für die Meisen und Finkenvögel und natürlich auch für die große Schar der immer gut gelaunten, geselliges Spatzen. Außerdem grobe, preiswerte Haferflocken und Rosinen in ausgelassenem Pflanzenfett für die Weichfresser. Amseln, Stare, Rotkehlchen und die Zaunkönige zum Beispiel können mit ihren dünnen Schnäbeln keine dicken Samenschalen knacken und sind auf das weiche Fettfutter angewiesen. Die Amseln sammeln zusätzlich die ausgelegten Apfelreste und hacken kräftig darauf herum. Jetzt, wo eine geschlossene Schneedecke liegt, müssen die Futterstellen täglich nachgefüllt werden. Kein zu hoher Preis für einen langen Sommer voller Gesang. Auch die Samenstände der Gartenstauden werden allmählich von den Vögeln geplündert. Zurückgeschnitten wird erst im März beim Frühjahrsputz.

Winterruhe

In der Genossenschaft sind die Futtermöhren im Angebot. Der Sack kostet nur ein paar Euro. Einige Säcke werden erstanden, bevor der Vorrat versiegt. In Strohballen gut eingebettet, können sie eine Weile frostsicher gelagert werden. Jetzt gibt es als zusätzliche Vitaminversorgung anstatt Äpfel für jedes Schaf täglich eine Hand voll Möhren.

Die Schafe genießen bei der Kälte, den Aufenthalt im frisch eingestreuten, raschelnden Stroh. Es geht eine gelassene Ruhe von ihnen aus, so als bereiteten sie sich schon auf die kommende, aktive und anstrengende Zeit der Geburt und Lämmeraufzucht vor.

Ich habe es mir wieder einmal auf einigen zusammengestellten Strohballen gemütlich gemacht und sehe den wiederkäuenden Schafen zu. Das frische Haferstroh ist eine willkommene Abwechslung zum Heu. Die Tiere fressen es gerne. Fast jeden Tag ist ein Ballen zerfleddert. Die besten Stücke werden herausgezogen, einmal durchgefressen, und emsig gekaut. Der Rest verteilt sich dann im Stall und verbessert die Einstreu. Wiederkäuen ist wie Musik. Irgendwo habe ich gelesen, dass es bis zu vierzig Kauschläge pro Minute sein können. Ich komme bei einigen Tieren auf eine noch weit höhere Zahl. Die Euterkontrolle ergibt bei einigen Muttern bereits wachsende Tendenz.

Gemütlichkeit

Ein wenig vermisse ich immer noch die brennenden Kerzen in ihren hohen, mit Sand gefüllten Einweckgläsern der Anfängerjahre. Bevor überall im Stall elektrisches Licht installiert wurde, war es im Winter, neben der Taschenlampe, die einzige Lichtquelle. Die dicken, kurzen Stumpenkerzen ergaben zwar nicht sehr viel Licht, verbreiteten aber umso mehr Gemütlichkeit. Wegen der Brandgefahr wurden die Kerzen, bevor sie in die Gläser kamen, stets außerhalb des Stalles angezündet. Auf den hohen, breiten Querbalken, von den Schafen unerreichbar, konnten sie dann absolut standsicher platziert werden.

Streicheleinheiten

Nach einer Weile kommt wieder etwas mehr Leben in die liegenden, wiederkäuenden Schafe. Eines nach dem anderen steht auf und nähert sich neugierig meinem Strohballen. Ich bringe mein Buch in Sicherheit. Einige beschnuppern meine Hände und wollen gekrault werden. Eine liebevolle Berührung und eine ruhige, vertraute Stimme vermitteln den Tieren Geborgenheit.

Hände bedeuten für sie Zuwendung, Sicherheit, Hilfe. Das Anfassen, Streicheln und Körperkontrolle mit meinen Händen soll den Tieren immer Sorglosigkeit und Zuwendung vermitteln. Nur den halbwüchsigen Böcken wird im Sommer rechtzeitig beigebracht, dass ich bei Bedarf damit auch anders kann. Besonders für die jungen werdenden Mütter ist es vorteilhaft, sich etwas mehr Zeit zu nehmen. Mein häufiger Aufenthalt im Stall baut eine engere Bindung zu ihnen auf. Meine Hände sind es, die ihnen bei ihrer ersten Geburt möglicherweise zu Hilfe kommen, die Euter anmelken und ihre Lämmer anfassen und versorgen.

Die Stunden, die ich im Stall verbringe, sind auch eine gute Gelegenheit, die Charaktereigenschaften des selbst aufgezogenen weiblichen Nachwuchses noch weiter zu studieren. Häufig lässt sich schon jetzt bei den Jungmüttern, deren Kinderkrankheiten ja alle bekannt sind, beobachten, ob einige der gewünschten, guten Eigenschaften ihrer Mutter durch deren Erziehung oder Vererbung weitergegeben wurden.

Plausch im Stall

Eine Nachbarin schaut zur Stalltür herein und bittet um ein Glas Käse. Nach meiner einladenden Geste setzt sie sich zu mir auf den Strohballen. Es kommt eine angeregte Unterhaltung in Gang, und dabei amüsieren wir uns eine Zeit lang über die drei Lämmer, die draußen unermüdlich im Schnee umhertollen. Auch die Mutterschafe sehen lieber von „drinnen" dem übermütigen Treiben zu. Wieder einmal wird mir bewusst, dass ich mich für die weltweit registrierten 1198 Schafrassen für die richtige Rasse entschieden habe.

Es wird Zeit, mich für heute von den Schafen zu verabschieden. Vorher muss noch frisches Heu aufgefüllt werden. Heu nimmt sehr schnell den Stallgeruch an und wird dann von den Tieren nicht mehr so gerne gefressen. Wenn es die Zeit erlaubt, wird es möglichst täglich frisch aufgeschüttet. Auch kann so der Tagesbedarf besser ermittelt werden.

Als wieder Bewegung in die ruhenden Tiere kommt, ist deutlich zu sehen, dass eines der Mutterschafe lahmt. Bei der Kontrolle des rechten Vorderlaufes wird ein festgefrorener Erdklumpen aus dem Zwischenklauenspalt entfernt. Es ist leicht vorstellbar, dass so ein, wie ein Stein wirkender Fremdkörper dem Tier beim Aufsetzen des Fußes Schmerzen verursacht. Mit Hilfe meiner Besucherin ist jetzt für Abhilfe gesorgt, und in die schon ziemlich gereizte und gerötete Haut zwischen den Klauen des Tieres wurde noch zusätzlich Traumeelsalbe einmassiert. Obwohl draußen starker Frost ist, fühlt sich die Rückenwolle der Schafe ziemlich feucht an. Darum bleibt die Stalltür fürs Erste geöffnet.

Bevor sich meine Nachbarin wieder verabschiedet, macht sie noch ein nettes Kompliment: „Hier möchte ich auch Schaf sein."

Jahresausklang

Das Jahr ist fast zu Ende. Freud' und Leid mit den Schafen sind relativ gut bewältigt worden. Der ein oder andere hätte sich wahrscheinlich gewünscht, die neuen Erfahrungen und Erkenntnisse, die er wieder einmal (wie in jedem Jahr) gemacht hat, wären ihm ein paar Monate vorher in den Sinn gekommen. Kein Jahr ist wie das andere. Auch bei den „alten Hasen" in der Milchschafzucht gibt es immer wieder etwas, was noch nie da gewesen ist. Ich selbst bin zwar noch kein „alter Hase" und auch nicht unbedingt ganz neu in diesem Geschäft, aber der Gedanke, ein paar nützliche Erfahrungen weiter zu geben, kam mir dennoch.

Der letzte Tag des Jahres, der seinen Namen ganz traditionell von dem als Friedenspapst bezeichneten Tagesheiligen Silvester herleitet, gilt im alten Volksglauben als so genannte Heilignacht. Stuben und Ställe wurden mit geweihten Kräutern ausgeräuchert, um böse Mächte und schädliche Einflüsse aller Art fern zu halten. Zudem war es Brauch, die weihnachtliche Mettenkerze anzuzünden und bis Mitternacht brennen zu lassen, um das alte Jahr hinaus- und das neue Jahr hereinzulassen. Um die Jahreswende nicht zu verpassen, wurde kurz vor Mitternacht die Hintertür geöffnet, damit sich das alte Jahr heimlich davonstehlen konnte. Punkt Mitternacht bat man das neue Jahr dann zur Haustür herein. Bitten auch wir das neue Jahr zur Haus- und Stalltür herein.

> Die Krähen schrein
> Und ziehen schwirren Flugs zur Stadt:
> Bald wird es schnein. –
> Wohl dem, der jetzt noch – Heimat hat!
>
> (Friedrich Nietzsche)

Glossar

Ablammbucht: Abtrennung im Schafstall von mindestens 2 × 2 Metern, in der die Mutterschafe ihre Lämmer gebären. Dadurch werden sie von den übrigen Schafen nicht gestört, können so in den ersten Tagen eine Mutter-Kind-Beziehung aufbauen und der Schafhalter hat eine bessere Kontrolle über die Tiere.
Ablammen: Gebären der Lämmer
Absatzveranstaltung: Hier kann jeder, auch der Anfänger in der Schafhaltung gute Tiere verschiedener Schafrassen ersteigern. Diese Veranstaltung (Auktion) findet in der Regel einmal jährlich in jedem Bundesland statt, für die Milchschafe vorwiegend im Juli/August. Die Termine werden zum Beispiel in der Zeitschrift „Deutsche Schafzucht" veröffentlicht. Zu diesem Zeitpunkt ist der Nachwuchs, der im Februar/März geboren wurde, bereits zuchttauglich und gekört. Die Ausrichter der Auktion sind die Schafzuchtverbände der jeweiligen Bundesländer, deren Zuchtwarte schon eine Vorauswahl der Tiere im Züchterstall treffen. Für den Käufer besteht so eine relative Sicherheit, qualitativ gute Tiere zu erwerben.
Abort: Fehlgeburt
Antikörper: Im Körper gebildete Eiweißstoffe (Abwehrstoffe), die gegen Infektionen schützen.
Auktion: siehe Absatzveranstaltung
Ausmerzen: Schlachten der Schafe, die die gewünschte Leistung, meist auf Grund ihres hohen Alters, nicht mehr erbringen.
Austreibung: Die Austreibungsphase ist die aktive Phase der Geburt. Sie ist die eigentliche Geburt des Lamms, beginnt im Idealfall mit erhöhter Wehentätigkeit.

Biestmilch: Auch Kolostralmilch genannt, ist die erste, für das Neugeborene verfügbare, energie-, vitamin- und antikörperreiche Muttermilch unmittelbar nach der Geburt.
Brunst: Paarungsbereitschaft der weiblichen Tiere auf Grund der Eireifung im Eierstock.
Darmpech: Der erste, kurz nach der Geburt abgegangene, pechschwarze Kot der Neugeborenen, der durch die abführende Wirkung der Biestmilch beschleunigt wird.
Dippen: Das Eintauchen der Striche nach dem Melken in einen „Dippbecher", der eine spezielle, desinfizierende Lösung enthält. Dadurch soll das Eindringen schädlicher Keime in das Euter so weit wie möglich verhindert werden.
Durchlaufbad: Flache Wannen oder Spezialmatten, gefüllt mit desinfizierenden Chemikalien, durch die die Schafe nach der Klauenpflege getrieben werden.
Einmelken: Der Versuch, ein Jungschaf nach der ersten Lammung zu melken – mit mehr oder wenige Erfolg.
Erhaltungsbedarf: Die Gabe von ausreichend Nahrung zur Aufrechterhaltung der Körperfunktionen und zur Bildung von Reserven. Bei der Futterbemessung wird unterschieden zwischen Erhaltungs- und Leistungsbedarf.
Eutersalbe: siehe Melkfett
Gallerte: Eingedickte Milch nach Zusatz von Lab.
Gemelk: Die Milchausbeute nach dem Melken eines oder mehrerer Tiere.
Güste Tiere: Mutterschafe nach dem Absetzen der Lämmer bis zur nächsten Paarungszeit oder auch nach dem Deckakt nicht tragend gewordene Lämmer.

Herdbuchzüchter: Schafhalter, die Mitglied in der staatlich anerkannten Züchtervereinigung ihres Bundeslandes (des Landesschafzuchtverbandes) sind. Sie verpflichten sich, die Richtlinien des Verbands für ihre Schafrasse anzuerkennen und zu befolgen. Herdbuchzüchter notieren in einem so genannten Herdbuch genaue Aufzeichnungen über die Geburtstermine und die Abstammung der Eltern sowie bei den Milchschafen auch die von einem Kontrolleur ermittelte Durchschnitts-Jahresmilchleistung der Mutterschafe (Milchkontrolle), was als Leistungsnachweis gilt. Die Kennzeichnung der Lämmer mit einer Ohrmarke gibt Gewissheit darüber, dass der Vertreter des Zuchtverbands den Abstammungsnachweis eintragen kann. Diese Daten werden in den Auktionskatalogen veröffentlicht.
Hinterendlage: Eine häufig vorkommende Geburtslage der Lämmer im Mutterleib. Das Lamm wird zuerst mit den Hinterbeinen geboren.
Hochtragend: Letztes Drittel der Trächtigkeit.
Indikatorpapier für Milch: Spezialpapier mit vorgezeichneten Kontrollfeldern. Schon die Benetzung der Felder mit einigen Tropfen frisch gemolkener Milch löst eine chemische Reaktion aus. Der Grad der am Farbstreifen ablesbaren Verfärbung gibt einen ersten Anhaltspunkt darüber, ob die Milch in Ordnung ist oder möglicherweise eine Euterentzündung vorliegt.
Jährling: Einjähriges Schaf nach der ersten Lammung.
Klauenbad: Badelösung mit Zusatz von geeigneten Chemikalien zur Klauenpflege.
Kokzidien: Wirtsspezifische, einzellige, infektiöse, in der Darmschleimhaut lebende Parasiten. Kokzidien überleben auch außerhalb der Schafe und vermehren sich besonders schnell bei feuchtwarmer Witterung. Sie können besonders bei unsauberen Fressgefäßen von den Tieren mit dem Futter erneut aufgenommen werden. Hoher Kokzidienbefall ist ein Zeichen von Unsauberkeit im Stall! Lämmer in den ersten Lebenswochen sind besonders gefährdet.
Koppel: Eingezäunte Weidefläche.
Kolostralmilch: siehe Biestmilch
Körung: Erforderliche, schriftliche Zuchtbescheinigung einer anerkannten Körkommission und damit die Erlaubnis, die gekörten Tiere zur Zucht einzusetzen.
Kraftfutter: Zusatzfutter zu Weide und Heu, meist Getreide, Rübentrockenschnitzel oder Fertigfutter aus dem Fachhandel.
Lab: Lab ist ein Enzym, das aus dem Labmagen von Kälbern gewonnen oder von Pflanzen (Labkraut) synthetisch aufbereitet wird und zur Gerinnung der Milch führt.
Lammbox: siehe Ablammbucht
Lammbucht: siehe Ablammbucht
Lammen: siehe Ablammen
Lammbar: Eine vorgesäuerte, kalte Milchaustauschertränke zur Selbstbedienung für mutterlos aufgezogene Lämmer. Über Eimer mit Gummizitzen können die Lämmer diese Ersatzmilch trinken.
Lämmerschlupf: Abgetrennter Raum im Stall neben den Mutterschafen, wo sich Lämmer ohne den Zugang von älteren Schafen jederzeit mit Futter versorgen können. Der Durchlass muss so klein sein, dass wirklich nur Lämmer durchschlüpfen können.
Lammretter: Schlundsonde zum Einflößen der Milch bei schwachen neugeborenen oder kranken, untergewichtigen Lämmer durch den Betreuer.
Leisungsbedarf: Bedarfsgerechte Zusatzfütterung, die ein Schaf benötigt, wenn eine bestimmte Leistung gefordert wird.
Melkfett: Ein seit vielen Generationen bewährtes Hautpflegeprodukt, das aus Wollfett mit natürlichen Zusätzen (zum Beispiel Ringelblumenextrakt) hergestellt wird. Ein Schutzfilm bindet Feuchtigkeit, schützt vor

Austrocknung und verhindert Hautrisse. Es findet auch Anwendung in der Pflege strapazierter und verletzter Euter.

Milchaustauscher: Ersatzmilch, die aus Milchpulver hergestellt wird.

Milchkontrolle: Die Milchkontrolle für das Schaf erfolgt in der Regel in der zweiten Laktation. Das Schaf wird ein Jahr lang, einmal im Monat jeweils morgens und abends im Beisein des Kontrolleurs gemolken und die Milchleistung notiert. Im Kontrolllabor wird zusätzlich eine gezogene Probe auf Fett- und Eiweißgehalt untersucht. Die durch den Kontrolleur ermittelten Daten gelten für das Schaf lebenslang.

Niedertragend: Die ersten zwei Drittel der Trächtigkeit.

Querlage: Schwierige, anormale Geburtslage.

Räuberlämmer: Diese Lämmer versuchen, meist bei der Fütterung, bei anderen säugenden Mutterschafen Milch zu saugen und können dadurch Krankheitskeime verbreiten.

Resistenz: Widerstandsfähigkeit von Mikroorganismen (zum Beispiel Parasiten, Kokzidien) gegenüber Medikamentenwirkstoffen.

Schalmtest: Kontrollmöglichkeit, um den Zellgehalt der Milch mit Hilfe einer im Fachhandel erhältlichen Flüssigkeit zu bestimmen.

Standbad: Desinfektionslösung, in der die Schafe bei einer Klauenerkrankung mit den betroffenen Füßen mindestens 45 Minuten ausharren müssen.

Strichkanäle: Durch das Saugen und Stoßen der Lämmer wird der Milchfluss aus den Milchgängen in den Strichkanal der Zitze ausgelöst.

Umtriebsweide: Die Grünfläche wird in mehrere Koppeln unterteilt, die nacheinander – im Umtrieb – beweidet werden. Durch den kurzen Verbleib von nur wenigen Tagen auf der Koppel kann sich die Grasnarbe durch die längeren Ruhezeiten gut erholen und die Tiere bekommen immer wieder frischen, kurzen Aufwuchs.

Uterusstäbe: Antibiotische Versorgung nach Schwergeburten. Die Uterusstäbe werden in die Gebärmutter eingelegt werden und wirken so direkt vor Ort.

Zeigerpflanzen: Wenn bestimmte Wildkräuter zahlreich auftreten, gibt dies Aufschluss über die Beschaffenheit des Bodens, beispielsweise ob er nährstoffreich, feucht, schwer, locker oder mager ist. Massiv mit Stickstoff gedüngte Weisen verwandeln sich häufig im Mai in ein dichtes gelbes Meer von Löwenzahnblüten. Die dicken hohen Stängel verhindern das Aufkommen willkommener Gräser und die Heuernte fällt weniger üppig aus.

Verzeichnisse

Adressen

Vereinigung Deutscher Landesschafzuchtverbände e. V. (VDL)
53175 Bonn, Godesberger Allee 142–148,
Tel. 0228 375351, Fax 376449

Vors.: Carl Lauenstein, Bodenstedt, Lengeder Weg 1, 38159 Vechelde, Tel. 05302 3622, Fax 3653
Stellv. Vors.: Karl Bauer, Schafhof, 72218 Wildberg, Tel. 07054 56 31, Fax 94083
Ehrenvors.: Adolf Mannheims, Baumberger Str. 13, 40764 Langenfeld/Rhld., Tel. u. Fax 02173 77065
Gf.: Dr. Stefan Völl

Vorstandsmitglieder:
Harald Büchner, Schwerborner Str. 10, 99087 Erfurt, Tel. 0361 7456740
Christian Schleich, St.-Georg-Str. 9, 85649 Kirchstockach,Tel. 0 8102 7480 0, Fax 744672
Dieter Schünemann, Bremer Ring 76, 16928 Pritzwalk, Tel. 03395 302431 (priv.)
Herbert Tietgen, Kaiserstr., 24250 Nettelsee, Tel. 04302 326, Fax 900936
Dr. Regina Walther, Sächsischer Schaf- und Ziegenzuchtverband, Lausicker Str. 26, 04668 Grimma, Tel. 03437 942280, Fax 942281 (Beratendes Mitglied, Vertreter der Zuchtleiter)
Dr. Ernst Brüggemann, Bleichstr. 41, 33102 Paderborn, Tel. 05251 32561, Fax 34393 (Beratendes Mitglied)

Der Vereinigung Deutscher Landesschafzuchtverbände e. V. gehören an:
Landesschafzuchtverband Baden-Württemberg e. V., Heinrich-Baumann-Str. 1–3, 70190 Stuttgart, Tel. 0711 1665504, Fax 1665541
Landesverband Bayerischer Schafhalter e. V., Haydnstr. 11, 80336 München, Tel. 089 536226–27, Fax 5439543
Schafzuchtverband Berlin-Brandenburg e. V., Lehniner Str. 3a, 14550 Groß Kreutz, Tel. u. Fax 033207 32573
Hessischer Schafzuchtverband e. V., Kölnische Str. 48–50, 34117 Kassel, Tel. 0561 7299264, Fax 16886
Verband Lüneburger Heidschnuckenzüchter e. V.,* Wilhelm-Seedorf-Str. 3, 29525 Uelzen, Tel. 0581 8073–0, Fax 8073–60
Landesschafzuchtverband Mecklenburg-Vorpommern e. V., Gartenstr. 5, 18276 Gülzow, Tel. u. Fax 03843 685211
Landesschafzuchtverband Niedersachsen e. V., Johannssenstr. 10, 30159 Hannover, Tel. 0511 329777, Fax 3665521
Vereinigung Rheinischer Schafzüchter u. -halter e. V., Endenicher Allee 60, 53115 Bonn, Tel. 0228 7031303, Fax 636682
Landesverband der Schafhalter Rheinland-Pfalz e. V., Burgenlandstr. 7, 55543 Bad Kreuznach, Tel. 0671 7930, Fax 793199
Landesverband der Schafhalter im Saarland e. V., Lessingstr. 14, 66121 Saarbrücken, Tel. 0681 64159, Fax 6650512
Sächsischer Schaf- und Ziegenzuchtverband e. V., Lausicker Str. 26, 04668 Grimma, Tel. 03437 942280, Fax 942281
Landesschafzuchtverband Sachsen-Anhalt e. V., Angerstr. 3a, 06118 Halle, Tel. 0345 5214941, Fax 5214951
Landesverband Schleswig-Holsteinischer Schafzüchter e. V., Steenbeker Weg 151, 24106 Kiel-Steenbek, Tel. 0431 332608, Fax 35007
Stader Schafzuchtverband e. V.*, Stader Str. 4, 27404 Heeslingen, Tel. 04281 24 84, Fax 80462

Landesverband Thüringer Schafzüchter e. V.,
Schwerborner Str. 29, 99087 Erfurt,
Tel. 0361 7498070, Fax 74980718
Landes-Schafzuchtverband Weser-Ems e. V.,
Mars-la-Tour-Str. 1–3, 26121 Oldenburg i. O.,
Tel. 0441 82123, Fax 8859483
Vereinigung Westfälischer Herdbuchschafzüchter
e. V., Bleichstr. 41, 33102 Paderborn,
Tel. 05251 32561, Fax 34393
Zuchtverband für Ostpreußische Skudden und
Rauwollige Pommersche Landschafe e. V.**,
Auf der Heide 3, 53343 Niederbachem,
Tel. 0228 343730
Gesellschaft zur Erhaltung alter und gefährdeter
Haustierrassen e. V., Am Eschenbornrasen 11,
37213 Witzenhausen, Tel. 05542 1864,
Fax 72560
Arbeitsgemeinschaft zur Zucht Altdeutscher
Hütehunde (AAH), Am Geestmoor 5,
49453 Rehden, Tel. 05446 1330, Fax 1643

* Die Verbände Stade und Lüneburg sind koope-
rative Mitglieder im Landesschafzuchtverband
Niedersachsen und über diesen der VDL ange-
schlossen.
**Der Zuchtverband für Ostpreußische Skudden
und Rauwollige Pommersche Landschafe ist
Kooperationsmitglied im LV Hessen.

Literatur

Becker, Klaus/Stefan, John: Farbatlas Nutz-
pflanzen Mitteleuropas. Verlag Eugen Ulmer,
Stuttgart 2000.
Kühnemann, Helmut: Schafe. Verlag Eugen
Ulmer, Stuttgart 2000.
Kühnemann, Helmut: Wir halten Nutztiere.
Verlag Eugen Ulmer, Stuttgart 1988.
Nowak, Martin/Forkel, Gislinde: Wolle vom
Schaf. Verlag Eugen Ulmer, Stuttgart 1989.
Rieder, Hugo: Schafe halten. Verlag Eugen
Ulmer, Stuttgart 1998.
Sambraus, Hans Hinrich: Farbatlas Nutztier-
rassen. Verlag Eugen Ulmer, Stuttgart 2001.
Scholz, Wolfgang: Käse aus Schaf-, Ziegen- und
Kuhmilch selbstgemacht. Verlag Eugen Ulmer,
Stuttgart 1999.

Schwintzer, Ida: Das Milchschaf.
Verlag Eugen Ulmer, Stuttgart 1988, vergrif-
fen.
Weischet, Horst: Milchschafe halten.
Verlag Eugen Ulmer, Stuttgart 1990.
Winkelmann, Johannes: Schaf- und Ziegenkrank-
heiten. Verlag Eugen Ulmer, Stuttgart 1999.

Deutsche Schafzucht
Organ der Vereinigung Deutscher Landesschafzuchtverbände (VDL), Fachzeitschrift für die
gesamte Schafproduktion, erscheint 14-tägig.

Schäfereikalender
erscheint jährlich, Verlag Eugen Ulmer, Stuttgart.

Herstellerverzeichnis

Arndt – Schäfereibedarf
Blumenweg 6, 88454 Hochdorf,
Tel. 07355 7857

Bergin Globulac L – Biestmilchersatz
Bergophor Futtermittelfabrik
95326 Kulmbach
Tel. 09221 806-0

Biokosma GmbH – Lab und Kulturen
Brühlstr. 15, 78465 Konstanz
Tel. 07533 930140

Bunte Kuh – Käsereibedarf, auch Lab und
Kulturen
Nidderweg 12, 63679 Schotten

Caisley International GmbH
Werkstr. 19, 46395 Bocholt-Lowick,
Tel. 02871 4105

Förster Tränkeautomaten, für die Aufzucht mit
Milchaustauscher
Förster Technik GmbH
Gerwigstr. 25, 78234 Engen
Tel. 07733 9406-0

„Güno" – Klauenpflegemittel
Günter Werner GmbH

Grünbtenweg 1, 87463 Dietmannsried-
Probstried
Tel. 08474 7067

Paul Hermesdorf & Sohn
Gerberei-Pelzveredelung
Gartenweg 46, 40789 Monheim/Rhein
Tel. 02173 52705

Hiko – Tränkesysteme für Schafe
A. Hinterkopf
Ringstr. 17–21, 89081 Ulm
Tel. 0731 6270-0

Köhler – Schafstalleinrichtungen
Heristalstr. 58, 37688 Beverungen
Tel. 05273 7352

Korte – Milchaustauscher, Lämmermilch
Droste-Hülshoff-Str. 5, 59063 Hamm

Kronenberg – Stalleinrichtungen, Weidetore,
Behandlungsanlagen, Zubehör
Landwehrstr. 4, 51709 Marienheide
Tel. 02264 6256

Salvana – Lämmermilch
Postfach 1160, 25311 Elmshorn

Raiffeisengenossenschaften
Schafmineral-, Schaf- und Lammfuttermittel

Rink – Alles für die Milchverarbeitung
Zentrifugen, Butterfässer, Käsereiartikel
Wangener Str. 18, 88279 Amtzell/Allgäu
Tel. 07520 6145

Schaette – Heilkräuter, Futter- und Pflegemittel
Gebr. Schaette KG.
Stahlstr. 5, 88339 Bad Waldsee

Schafschurwollverarbeitung
Steppdeckenfabrik Fulda
In den Straußwiesen 6–8, 36039 Fulda
Tel. 0661 4445

Siepmann – Landwirtschaftsfachhandel
Wittener Landstr., 58313 Herdecke
Tel. 02330 979595

Trautwein – Gerberei
Am Hirschen 1, 77761 Schiltach
Tel. 07836 93830

Bildquellen

Ulrike Aepfelbach, Nochen: Umschlagrückseite
und Seite 6, 7, 37, 40 unten, 47, 51, 53, 69
links, 101 oben, 103, 114, 119, 123, 132 (2),
133
Regina Kuhn, Stuttgart: Umschlagfoto und Seite
2/3
Barbara Kutsch, Stollberg: Seite 33, 57, 71,
72 (2), 95, 105, 109, 111, 112, 117, 137
Ursula Letschert, Ruppichteroth: Seite 10, 13,
19, 25, 27, 30, 31, 38, 40 oben, 41, 44, 45,
46, 49 (2), 64, 65, 69 rechts, 73, 76 (2), 80,
101 unten, 108, 112, 113 (2), 118, 121 (2),
126, 127, 129, 135, 139
Anke Zimmer, Moers: Seite 15 (5), 18 (2),
23 (3), 26

Haftung
Die in diesem Buch enthaltenen Empfehlungen
und Angaben sind von der Autorin mit großer
Sorgfalt zusammengestellt und geprüft worden.
Der Pfleger von Tieren sollte jedoch bedenken,
dass er in eigener Verantwortung handelt. Der
Autor und der Verlag übernehmen keinerlei
Haftung.

Register

Ablammbox 14, 21, 118, 123
Ablammsteckboxen 14, 123
Ablammtermine 31, 110
Ablammung 27, 29, 50, 75
Abmagerung 51, 52
Abort 92
Absatzveranstaltung 103, 111, 116
Abszess (Klauen) 60
Abwehrkräfte 19, 51, 52
Allgemeinzustand 39
Altbock 99, 110, 131
Altersbestimmung 68
Altschafe 21, 30
Anfänger 24, 58, 93, 114, 125
Ansteckungsquelle 61, 63
Antikörper 19
Apotheke 89, 91
Apotheke der Natur 86
Arzneimittel (vor und nach der Geburt) 91
Atmungsorgane 93, 103
Aufstallung 60
Aufstockung des Bestandes 110
Aufzuchtvoraussetzung 104
Augenentzündung 55
Auktion 11, 12, 41, 49, 53, 65, 99
Auktionsvorbereitungen 111
Ausmelken 73
Ausmisten 106
Außenparasiten 53, 66
Austreibung (Geburt) 16, 21, 23, 24
Austreibungsphase 28, 29
Austreibungswehen 21

Backenzähne 68
Badelösung (Außenparasiten) 61
Bakterien 58, 60, 93
Bandwürmer 50, 51
Bauchschmerzen (Lämmer) 92
Baurechtliche Vorschriften 29
Bedarfsgerechte Fütterung 39, 114
Betreuer 24, 27, 32, 103
Bienen 97
Bienenstiche 91
Biestmilch 16, 19, 25, 31, 32, 127
Biestmilchersatz 19
Biestmilchpfropfen 18
Blättermagen 36
Blitzgeburt 128
Blutgefäße 59
Blutsauger (Parasiten) 53
Blutung 59
Bock 27, 34, 82, 99, 131
Bockauslauf 131
Bocklämmer 37
Bocksprung 12, 110, 131
Bockstall 29
Bodenprobe 113
Brennessel (Heu) 81, 83
Bruch (Käse) 77
Brüche 60, 90
Brunst 12, 27, 110

Calendulasaft 89
Calendulasalbe 60, 66, 87, 89, 91
Charaktereigenschaften 101, 137
Chemikalien 63

Darm 90, 120
Deckakt 27, 110
Deckbock 27, 36, 48, 82, 110, 130
Deckzeit 11, 27, 38, 50, 63, 110
Desinfektion 17, 22/43, 60, 120, 125

Dickete (Milch) 77
Dippen 69, 72
Disteln 81
Drillingsgeburten 25, 27, 39
Drillingslamm 26, 28
Druckverband 60
Düngen 81
Durchfall 25, 42, 43, 44, 50, 52, 90, 91, 92, 120, 130
Durchfressen (Lämmer) 113
Durchlaufbad 61, 62

Eckzähne 68
Eimerringe 40
Einkreuzung 7
Einmelken 70
Einstreu 136
Einwegspritze 49
Einwegtücher 72
Eiter 55, 60, 61
Eiweißgehalt (Futter) 115
Eiweißversorgung 38, 115
Elektroinstallation 31
Energie (Lebensfreude) 11
Energieangebot 38, 39
Energieverlust 24
Entwicklung (Lämmer) 28, 104
Entwöhnung 25, 67, 81, 82, 116
Entwurmung 50, 90
Entzündungen 43, 54, 60, 74, 75, 90, 91
Erbgut 104
Erhaltungsbedarf (Futter) 115
Erkältungen 92
Ernährung 38, 39
Ernährungsprobleme 68
Ernährungsstand 28, 114
Eröffnungsphase 14, 29
Erreger 54, 63, 74, 75
Ersatzbetreuung 66

Erstgebärende 28, 29, 124
Erstgeburt 27, 28
Erstling 13
Erstversorgung 19, 28
Euter 13, 14 7 18, 23, 26, 27, 28, 31, 43, 55, 66, 70, 71, 72, 91, 125, 126
Euterentwicklung 124
Euterentzündung 56, 126
Euterform 73, 126, 127, 136
Euterkontrolle 55, 82
Eutersalbe 16
Euterwaschen 69, 72
Euterwaschtücher 69, 72
Export 9

Fachbücher 29, 72, 94
Fachhandel 30, 61, 62, 72
Fachliteratur 53, 72, 76
Fachzeitschriften 39
Familienverbund 36
Fäulnisbakterien 100
Fehlproduktion (Milch) 75
Fehlreaktion 93
Fehlstellungen (Gelenke) 60
Felle 100, 101
Fertigfuttermittel 37, 38, 115
Fiebermittel 92
Flaschenaufzucht 25, 67
Flaschenkinder 25, 29, 66, 67
Flaschenlämmer 66, 67, 127
Fleisch 37
Fliegenmaden 53
Formalin 63
Freilauf 131
Freiraum 29, 32
Fremdkeime (Milch) 76, 78
Fremdkörper 60
Fressgefäße 30
Fressunlust 36, 52
Frucht 38, 50
Fruchtbarkeit 7
Fruchtblase 16
Fruchthülle 17
Fruchtwasser 24
Früherkennung von Krankheiten 92
Frühgeburten 38

Frühjahrsfütterung 36
Frühjahrslämmer 110
Frühjahrsschur 66
Fundamente 104
Fußbad 63
Fußmatte 62, 63
Fußpflege 58
Fußwanne 61
Futter 30, 38, 39, 114, 115
Futterangebot 30, 35, 56, 71
Futteraufnahme 36
Futterberechnung 30, 39
Futterentzug 128
Futtermittelhersteller 37
Futtermöhren 136
Futterpflanzen 115
Futterration 38, 56, 71, 114
Futterraufen 29, 30
Futtersammenstellung 36
Futterschüsseln 35, 40, 118, 123, 125, 131
Futtertröge 29, 96, 106
Fütterung 30, 35, 36, 106
Fütterung der Mutterschafe 35, 36, 115
Fütterungsfehler 37
Futterwert 121

Gallerte 77
Ganzkörperbad 54
Gebärende 23, 24, 31
Gebärmutter 22, 24, 92
Gebiss 68
Gebissfehler 68
Geburstermin 27, 115
Geburt 14, 16, 21, 24, 26, 27, 28, 39, 73, 91, 92, 124, 125, 136
Geburtsablauf 14, 29
Geburtserleichterung 92
Geburtsgewicht 24, 39
Geburtshilfe 21, 23
Geburtskanal 24
Geburtslagen 24
Geburtsschleim 24, 28
Geburtsvorbereitungen 14, 92
Geburtswege 28, 92, 125
Gelenkentzündungen 60

Gemelk 70, 74, 127
Gerben (Felle) 100
Geschlechtsreife 81
Gesundheit 35, 93
Gesundheitsprobleme 48
Getreide 31, 39
Gewichtseinbußen 50, 91
Gewichtskontrolle 24, 49, 91
Gewichtsverlust 39
Giftpflanzen 96
Gleitgel 16, 22, 23
Gras 35, 36, 38, 51, 83
Grasnarbe 48, 110
Grundfutter 36, 38, 120
Grünfläche (s. a. Weide) 81
Grünfutter 114, 31
Gummiwärmflasche 25
Güste Tiere 31

Haferstroh 48, 136
Haltungsbedingungen 36, 51, 52, 91, 103
Handelsfuttermittel 36
Harn 37
Harnabsatz 37
Harnblase 37
Harngeruch 37
Harngrieß 37
Harnorgane 37
Harnröhre 37
Harnstein 37
Hausschlachtung 99
Haut 53
Heizkabel 41
Helfer 21, 25, 43, 50, 59
Herbstlämmer 104
Herdbuchzucht 9, 94, 99
Herde 30, 31, 35, 43, 48, 50
Herdentiere 94
Heu 29, 30, 35, 37, 38, 43, 48, 56, 83, 111, 114, 120, 136, 137
Heubedarf 115
Heuraufen 30, 56
Hinterendlage 24, 125
Hobby-Schafzüchter 113
Hochleistung 39, 128
Hochtragend 38, 115

Homöopathie 89, 91
Horden(Hürden) 29, 32, 118, 120, 124
Hordentor 118
Horn (Klauen) 56, 61
Hornissen 97
Hummeln 97
Husten 51, 90

Immunität (Parasiten) 51
Impfprogramm 63
Indikatorpapier 56
Infektion 55, 79, 121
Innenparasiten 48, 50, 121, 132
Insektenstiche 90, 94

Jährlinge 28
Jährlingsschaf 14, 82
Jogurt 78, 107, 128
Jogurtferment 78
Johanniskraut (Öl) 60, 65, 87, 90, 91
Jungböcke 81, 103, 131
Jungmütter 18, 32, 137
Jungschafe 28, 70, 73, 82, 92, 111, 128

Kalk 52, 56, 61, 131, 132
Kalkanstrich 106
Kalttränke 25
Kalzium 37
Kamillenblüten 60, 90
Käse 72, 75, 76, 78, 98, 107
Käseproduktion 75, 107
Kauplatte 68
Keime 72
Kiefer 68
Kinderstube 18
Klauen 56, 59, 60, 62, 63, 94
Klauenbad 61, 63, 120
Klauenerkrankungen 60, 91
Klauenfäule 60, 61, 63
Klauenhorn 56, 59, 61, 63, 91
Klauenkontrolle 131
Klauenlehrgang 58
Klauenmesser 58
Klauenpflege 56, 63, 94

Klauenpflegeplatz 61
Klauenschneiden 56, 61
Klauenspitze 59
Klauenverband 60
Klauenwand 56
Knochenverletzungen 90
Knotengitter 113
Kochsalz 39
Kohlenhydrate 114
Kokzidieninfektion 30, 42, 50, 52
Kombinationsheilmittel 90
Konservierungsstoffe 77
Kontrolluntersuchung (Kot) 48
Koppelschafhaltung 9, 35
Körperbau 101, 104
Körperfett 39
Körperfunktion 115
Körpergewicht 39
Körpergröße 7
Körpermassage 125
Körperpflege 125
Körpertemperatur 25, 93
Körung 103, 111, 116
Kot 41, 48, 50, 132
Kotproben 42, 44, 48, 51, 52, 132
Kotuntersuchung 52
Kraftfutter 14, 30, 35, 36, 42, 43, 44, 50, 55, 114, 115
Kraftfuttergemisch 36, 37
Kraftfutterration 35, 36, 38, 39, 42, 56
Krankenbucht (Box) 127
Krankheiten 31, 37
Krankheitserreger 17, 19, 53
Krankheitsursachen 94
Kräuter 83, 74, 96, 97
Kräuterbeet 84, 86
Kräuterecke 83, 86
Kräuterfrischkäse 78
Kräutergarten 84, 86
Küchenreste 39
Kunstdünger 113
Kunststoffschüsseln 30
Kupfersulfat 63
Lab 75, 76

Lahmheiten 60, 138
Laktationsbeginn 26
Laktationspause 126, 128
Laktationszeit 75
Lammböcke 29, 91, 94, 106, 110
Lammbox 11, 16, 29
Lämmeraufzucht 136
Lämmerbar 25
Lämmerdurchfall 19, 42, 43
Lämmergeburt 21, 27
Lämmermilchflasche 117, 128
Lämmerproteste 72
Lämmerschlupf 31, 35, 116
Lämmerschlupfhorde 118
Lämmerunfälle 67
Lämmerzeichnung 132
Lammfell 100
Lammfleisch 100
Lammretter 16, 25
Lammung 7, 50, 66, 115, 125
Lammzeit 12, 21, 26, 27, 91, 126
Landesschafzuchtverbände 48
Landwirtschaftskammer 113
Larvenstadien 50, 51, 52
Lebendgewicht 39
Lebendverkauf 99
Lebensfreude 44, 50, 52, 101
Leberegel 51, 52
Leberpräparate 52
Leckschalen 116
Lecksteine 38, 116
Leihbock 131
Leistung 35
Leistungsanforderung 128
Leistungsbedarf 115
Leistungsfütterung 36, 115
Leistungsgruppen 36
Leistungstadien 39, 128
Lichtquellen 21, 31
Lidbindehäute 55
Luftfeuchtigkeit 42
Luftzirkulation 29
Lungenentzündung 51
Lungenwürmer 50, 51

Register

Maden 53
Magenbeschwerden 120
Magen-Darmwürmer 50, 51
Maschinenmelken 73
Mastitisbekämpfung 126, 127
Mastitiserreger (Infektion) 74, 127
Medikamente 48, 50, 52, 83, 91, 125, 132
Medikamente zur Geburtsvorbereitung 91
Mehrlingsgeburten 24, 91, 128
Mehrlingslämmer 39, 128
Melkanlage 72
Melkausstattung 75
Melkbarkeit 73
Melker, Melken 70, 71, 72, 73
Melkfett 16
Melkruhestand 128
Melkstand 59, 69, 70, 72, 106
Melkzeit 66, 69
Melkzubehör 69
Mikroorganismen 36
Milben 54
Milch 35, 71, 72, 106, 125
Milchaustauscher 19, 25
Milchbildung 125, 127
Milchdrüse 72, 126
Milchflasche 25
Milchfluss 72
Milchgebiss 68
Milchinhaltsstoffe 73
Milchküche 69, 74
Milchleistung 7, 35, 38, 39, 99, 106, 128
Milchproduktion 124, 126
Milchpulver 67
Milchqualität 74
Milchquelle 31, 73
Milchsäurebakterien 77
Milchschaf 7, 31, 35, 123, 124
Milchschafbock 131
Milchschafhalter, -züchter 12, 28, 32
Milchschaflämmer 125
Milchschafmuttern 35, 126
Milchschafweidelämmer 99
Milchstau 125

Milchthermometer 77
Milchüberschuss 128
Milchverarbeitung 75
Mineralfertigmischung 116
Mineralleckstein 116
Mineralsalz 14, 35, 116
Mineralstoffe 38, 39, 98, 116
Minustemperaturen 18, 32
Misserfolge 93
Mist 96, 113, 131
Moderhinke 60, 63
Molke 77, 98
Multivitamin 14
Mundschleimhaut 50
Mutter-Kind-Bindung 17, 32, 103
Mutterlämmer 27, 99, 110
Mutterliebe 103
Muttermilch 26, 43, 116, 128
Muttermund 79
Mutterschaf 13, 24, 26, 27, 31, 35, 36, 124, 128
Muttertiere 31, 35, 125, 128

Nabel 17
Nabeldesinfektion 16, 28, 124
Nabelschnur 17
Nachgeburt 19, 24, 28, 35, 67, 124
Nachgeburtsstadium 92
Nachmähen 81, 121
Nachwuchs 28, 37, 123, 125
Nachzucht 14, 27, 29, 82, 101, 103, 110, 131
Nährstoffbedarf 38
Nährstoffdichte 38, 113
Nahrung 38
Nasenausfluss 51
Naturheilkunde (Medikamente) 52, 55, 86, 90, 94
Nebenwirkungen (Medikamente) 86
Netzmagen 36
Neugeborene 18, 21, 24, 28, 32, 92, 123, 124
Neuling 125
Niedertragend 38, 132
Nieren 90

Oberkiefer 68
Ökonomisch Düngen 113
Oktoberschur 66
Ostfriesisches Milchschaf 7

Pansen 36, 93, 104
Pansenmilieu 36, 93
Pansenübersäuerung 36, 93
Parasiten 42, 48, 49, 50, 51, 54, 94
Parasitenbekämpfung 48, 51, 52, 104
Parasitendruck 51, 52
Parasiteninfektion 50, 52
Parasitenmittel 53
Pasteurisieren 77
Pflanzen für den Kräutergarten 86
Pfleger 29
Presswehen 16
Problemgeburt 21, 31

Quarantäne 93

Räudemilben 54
Raufutter 48
Reinzucht 9
Resistenzen (Parasiten) 52
Rezepte 78, 100
Ringelblume 88
Ringelblumensalbe 89
Rohfasern 36
Rohmilch 76
Rohprotein 39, 115
Rotlichtlampe 24, 25
Rückenwolle 98

Saisonal 14
Salbe 56, 90, 91
Salzen der Felle 100
Salzlecksteine 37, 38, 39, 82, 106, 116
Sammelkot 48
Säugende Mutterschafe 115
Sauger 67
Sauglämmer 17, 26, 67, 73
Saugreflex 16, 25
Saugversuche 18

Register

Säurekulturen (Milch) 76, 77
Säureverhältnisse (Verdauung) 36
Schafauktion s. Auktion
Schaffell 100
Schaffutter 35
Schafgesundheit 94
Schafgesundheitsdienste 54
Schafhalter (s. a. Züchter) 31
Schafhaltung 72
Schafkrankheiten 93, 94
Schafläuse 53
Schafmilch 75, 94
Schafrassen 35, 39, 137
Schafscherer 56, 65
Schafschurwolle 108
Schafstall 42, 81, 123
Schafzüchter 25, 26, 29, 72
Schafzuchtverbände 12, 39, 49, 100
Schafzuchtverein 12
Schalmtest 74, 75
Schauen 63
Scheide 22, 23, 27
Scheren 65
Schlachten 99
Schlachtstätte 99
Schlämmkreide 37
Schleimhäute 93
Schlundsonde 25
Schmerzen 90
Schneidewerkzeuge 60, 61
Schneidezähne 68
Schnellkontrolle (Milch) 56
Schnittwunden 65, 66
Schur 65, 107
Schurtermin 56
Schutzimpfung 63, 93
Schutzstoffe 19
Schwangerschaftsstörungen 92
Schwergeburten 91
Seiten- und Sohlenhorn 59, 61, 63
Sekundärinfektion 51, 55
Selbsttränke 41
Selektieren 104
Sichtkontakt 32
Sommerarbeiten 106

Sonnenbrand 66, 89
Spurenelemente 38, 98
Stall 29, 42, 43, 81, 111, 123
Stallapotheke 87
Stallausbesserung 106
Stalleinrichtung 29, 117
Stallhaltung 39, 115
Stallklima 66
Stallreinigung 56
Standbad 62, 63
Stickstoff 83
Stoffwechsel 37, 38
Stoffwechselprodukte (Parasiten) 51
Stoffwechselstörungen 38
Streicheleinheiten 136
Striche 14, 28, 55, 69, 81, 124
Strichkanal 18, 72, 90, 126
Strichstellung 73
Strichverletzungen 26
Stroh 29, 37, 42, 48, 115, 120, 136
Symbioselenkung 43
Symptome (Krankheiten) 53

Tagesbedarf 115
Testflüssigkeit 74, 75
Tierarzt 22, 24, 37, 48, 54, 55, 60, 63, 93, 94, 106
Tiergesundheitsamt 42, 49, 54, 75, 127
Tierisches Eiweiß 99
Tierschau 53
Tierseuchengesetz 93
Tollwut 79
Tore 118, 124
Totgeburt 35
Trächtigkeit 13, 33, 114
Tränke 49
Traumeel 56, 89, 90
Trinkeimer 124, 125
Trinkwasser 37, 40
Trockenstellen, -steller 126, 127, 128
Tröge 29, 30, 118

Überbeißer 68
Übermutter 29

Überversorgung 114
Umtrieb (Weide) 43
Umwelttelefon 98
Ungeborene 22
Ungeübte (Pfleger) 24, 60, 70
Unterkiefer 68
Unterstand 29, 61, 111
Untersuchungsinstitut 48, 75
Unterversorgung 116
Unwohlsein 37
Urinstau 37
Urlaubsvertretung 66
Uterusstäbe 16

Verätzungen 63
Verdauung 36, 43
Verdauungsorgane 103
Verdauungsstörungen 92
Verdauungssystem 36, 50
Vererbung 137
Vergiftungen 84
Verletzungen 63, 90, 91, 94
Veterinär (s. a. Tierarzt) 24, 93
Viren 93
Vitalität 44, 103
Vitamine 38, 39, 136
Vollbad 54
Vollwaschbare Felle 88
Vordach 29, 30, 56, 111
Vorderendlage 16, 22
Vorderfußgelenke 61
Vormagen 25, 36, 115
Vormelkbecher 69, 72
Vorschriften (Baurechtliche) 29

Wanderschäfer 35, 82
Wärmflasche 25
Wärmequelle 18
Wasser 35, 37, 40, 43, 106
Wassereimer 40
Wehen 23
Wehenschwäche 91, 125
Wehentätigkeit 92
Weide 35, 38, 42, 43, 46, 51, 52, 61, 81, 83, 97, 106
Weideangebot 29, 56

Register

Weidearbeiten 113
Weideaufwuchs 38, 48, 81
Weidefläche 113, 116
Weidefütterung 38
Weidehygiene 51, 104
Weideparzelle 110
Weidetore 35, 95, 118
Weideumtrieb 51
Wespen 97
Wetterkundler 83
Wetterschutz 110, 111
Wetterumschwung 111
Wiederkauen (Käuer) 19, 34, 36, 37, 93, 104, 116
Wiesen (s. a. Weiden) 42
Wildkräuter 81, 83
Winterfutter 120
Winterfütterung 36, 56, 114
Winterheu 38, 48, 120
Winterration (Heu – Stroh) 11
Winterruhe 136
Wintervorbereitung 131
Winterweide 132
Wirkstoff (Parasiten) 49

Wolle 59, 65, 66, 107
Wolle spinnen 108
Wolle verarbeiten 107
Wollfett 89, 107
Wollvlies 65, 114
Wollwaschtage 107
Wundbehandlung 65, 88
Wunden 53, 60
Wundversorgung 55, 59
Wurmarten 52
Wurmeier 51
Würmer 42, 132
Wurmkur 41, 51, 131
Wurmmittel 42, 48, 49, 50, 51, 52, 106

Zahnanomalie 68
Zähne 7, 68
Zähneknirschen 37
Zahnstellung 68
Zahnwechsel 68
Zäune 52, 99
Zeigerpflanzen 113
Zellgehalt (Milch) 74

Zellzahl (Milch) 74
Zerrungen 60
Zinksulfat 63
Zitze (Kanal) 90
Zuchtauktion (s. a. Auktion) 12
Zuchtbescheinigung 12
Zuchtböcke 111
Zuchtergebnisse 104
Züchterversammlungen 114
Zuchtlämmer 131
Zuchttiere 99
Zuchtziel 104
Zufüttern 28, 67
Zugluft 123
Zusatzfutter (Fütterung) 35, 38, 50, 82, 115, 126, 128
Zuwendung 116
Zweitgebärende 91
Zwillinge 29
Zwischenklauenspalt 60, 91, 138
Zwischenwirt (Parasiten) 50, 51, 52
Zyklus (Parasiten) 50, 52

Weitere Literatur über Schafe.

Für die erfolgreiche Haltung auch nur weniger Schafe ist eine Menge Fachwissen erforderlich. Dieses Buch wendet sich vor allem an Anfänger, denen die grundlegenden Kenntnisse fehlen. Der Autor kennt die Probleme und Sorgen der Schafhalter aus seiner langjährigen Tätigkeit als Tierzuchtleiter in der Baden-Württembergischen Schafzucht. Dazu kommen reiche praktische Erfahrungen mit der eigenen kleinen Schafherde.
Schafe halten. H. Rieder. 4. Aufl. 1998. 156 S., 70 Farbf., 40 Zeichn. ISBN 3-8001-7386-7.

Zur Verarbeitung von Milch zu qualitativ hochwertigen und wohlschmeckenden Produkten bedarf es einigen Wissens um biologische und biochemische Vorgänge und einer gewissen Erfahrung bei der praktischen Arbeit. Das Buch vermittelt die wichtigen Grundkenntnisse von der Milchverarbeitung bis zu verkaufsfertigen Spezialitäten.
Käse aus Schaf-, Ziegen- und Kuhmilch selbstgemacht. W. Scholz. 2. Aufl. 1999. 160 S., 31 Farbfotos, 40 sw-Fotos, 12 Graphiken. ISBN 3-8001-7439-1.

Das Buch vermittelt neben allgemeinen Grundlagen der Schafzucht und –haltung wichtige Erkenntnisse aus der Wisssenschaft sowie weitreichende Erfahrungen aus der Praxis – schwerpunktmäßig im Hinblick auf die Koppelschafhaltung. Im Vordergrund stehen die zahlreichen Aspekte zur Ausgestaltung einer optimalen Haltung sowie betriebliche und überbetriebliche Zuchtmaßnahmen. Besonderes Augenmerk wurde auf die maßgeblichen Faktoren einer marktgerechten und wirtschaftlich orientierten Lammfleischerzeugung gelegt.
Schafe in Koppel- und Hütehaltung. S. v. Korn. 2. Aufl. 2001. 216 S., 27 Farbf. auf Tafeln, 80 sw-Fotos u. Zeichnungen, 48 Tab. ISBN 3-8001-3197-8.

In diesem Buch wird das erforderliche Basiswissen zur Erkennung und Einschätzung der häufigsten Krankheiten von Schaf und Ziege in leicht verständlicher Form vermittelt.
Schaf- und Ziegenkrankheiten. J. Winkelmann. 2. Aufl. 1999. 128 Seiten, 75 Farbf., 29 Zeichnungen. ISBN 3-8001-7453-7.